The Marquis de Sade:

A Bibliography

D1606316

by

E. Pierre Chanover

The Scarecrow Press, Inc.
Metuchen, N. J.   1973

PQ
2063
S3
C52
1973

Library of Congress Cataloging in Publication Data

Chanover, E   Pierre, 1932-
    The Marquis de Sade.

    1. Sade, Donatien Alphonse François, comte, called
Marquis de, 1740-1814--Bibliography. I. Title.
Z8775.14.047   016.843'6   72-10288
ISBN 0-8108-0561-8

Copyright 1973 by E. Pierre Chanover

what hurts pleases nature

CONTENTS

PREFACE

It took almost two centuries to recognize the impact that the Marquis de Sade had on contemporary literature and psychology. For many, the Marquis de Sade is merely a French author whose erotic and licentious writings have given his name to sadism. But in the late nineteenth century Sainte-Beuve, Baudelaire and Swinburne praised him and his influence is seen in the works of Lamartine, Barbey d'Aurevilly, Lautreamont, Dostoevski, Kafka, Camus, Simone de Beauvoir and Sartre. Today, although the works and life of the Marquis de Sade are examined throughout the world, indicating his "infernale grandeur," no definitive bibliography has ever been published. While we do not claim to have been exhaustive in our research, the principle of inclusiveness has been followed in this bibliography: works by the Marquis de Sade and editions to date, translations, critical studies, and a section on sadism, a subject much studied today.

For each entry we have sought original or supporting documentation whenever possible. We must consider, however, that since the death of the Marquis de Sade there have been several tragic world events that have created lacunae in documentation never to be closed.

This bibliography is the first step toward a definitive compilation and is addressed to those whose interest in the Marquis de Sade has developed into areas of specialization.

With every type of research made there are a few people who generously give of their time and effort, and I am indebted in particular to my wife Susan and to Professor M. Bissainthe of New York University for all their patience and help.

E. Pierre Chanover

Huntington, N. Y.
1972

CHRONOLOGY OF THE MARQUIS DE SADE

1740   June 2--The Countess de Sade, lady-in-waiting to the Princess de Condé, gives birth to a son in the Condé's residence, Rue de Condé, Paris. This is the seventh year of her marriage to Jean-Baptiste-Joseph-François, Count de Sade, born in 1702, Governor-General of the provinces of Bresse, Bugey, Valromey, and Gex, seigneur of Saumane and La Coste conseigneur of Mazun.

          June 3--The child is baptized in the parish church of Saint-Sulpice, Paris; Christian names, Donatien-Alphonse-François.

1745   Jacques-François-Paul-Aldonse de Sade, the Marquis' uncle, is entrusted with the education of his nephew.

1750   The Marquis returns to Paris to enter the Jesuit College d'Harcourt. His private tutor is the Abbé Amblet.

1754   The Marquis de Sade obtains letters patent of nobility from a genealogist and secures admission to the Light Cavalry of the King's Guard.

1755   Promoted to Sub-Lieutenant unpaid in the Royal Regiment of Foot.

1757   Commissioned as <u>Lieutenant des Carabiniers</u>.

1758   Promoted to Captain in the Cavalry <u>Régiment de Bourgogne</u>.

1763   The Marquis retires from the Army. Royal assent is given to the proposed marriage between the Marquis de Sade, allied by the Maillé family to the royal-blooded Condés, and Renée-Pélagie Cordier de Launay de Montreuil, born in 1741, and daughter of M. de Montreuil, President of the Board of Excise at Paris.

May--Marriage takes place in the church of Saint-Roch, two days after signature of the contract.

October--the Marquis de Sade, by command of the King, is committed to prison in the château de Vincennes for excesses in a petite maison.

November--He is set free, but must retire to his father-in-law's château in Normandy.

1764   May--The Marquis succeeds his father in the Parlement de Bourgogne in his office of Governor-General.

September--Sade is in Paris, 4,500 francs in debt, and living for the greater part of the time with a dancer from the Opera. Her name is Beauvoisin.

November--Marais, Inspector of Police, issues a report in which he notes that, M. de Sade being in Paris, "I strongly advised the woman Brissaut, without going into details, not to supply him with girls to go with him in petites maisons."

1765   He takes the dancer Beauvoisin to La Coste, and passes her off as his wife.

1767   January--Death of the Comte de Sade. The Marquis is sole heir to his father's estate and offices.

April--Sade leaves for Lyons to rejoin Mlle. Beauvoisin. His wife is five months pregnant in Paris.

August 27--Louis-Marie, Comte de Sade, the Marquis' first-born, is born in Paris.

October--Report by Marais: "He is doing his utmost to induce Mlle. Rivière, from the Opera, to live with him; and he has offered her 25 francs a month, on condition that she spend such days as she is not on the stage at his petite maison at Arcueil. The young lady has refused."

1768   April--Deposition was made against the Marquis de Sade relating to the events of this day [Sade was accused of having tortured Rose Keller]. The Marquis denied the crueler points of Rose Keller's evidence, but admitted the main events.

April--Rose Keller is persuaded to withdraw her charge on an indemnity of 2,400 francs and seven louis d'or for dressings and medicaments.

April--The Marquis is in detention at the château de Saumur. The Marquis is transferred to the Fortress of Pierre-Encise, near Lyons.

June--He is transferred to the Conciergerie prison in Paris. The accused is examined and admits the principal events and the motive of libertinage.

1769 Birth of Donatien-Claude-Armand, Chevalier de Sade, Second son of the Marquis.

1771 March--The Marquis obtains a commission as Colonel of Cavalry.

April--Birth of Madeleine-Laure, daughter of the Marquis.

September--Sade leaves Fort-l'Evêque, a debtor's prison, where he has been for a week.

1772 June 25--The Marquis is in Marseille to collect funds, and orders Latour, his lackey, to recruit prostitutes for his two day's stay.

June 27--At ten o'clock in the morning, de Sade, "handsome, full-faced ... wearing a blue-lined gray dress coat, a jacket, and marigold-colored breeches ... with sword, hunting-knife, and cane" entered with his lackey the room of a prostitute named Borelly, and known as Mariette, on the third floor of an apartment-building. There are three others present: Rose Coste (aged 18), Marianette Laugier (aged 20), and Marianne Laverne (aged 18); Mariette is 23. Mutual flagellation takes place; paedicacio is proposed to the women and refused, according to them, as well as other sexual enjoyments not specified in later statements. Cantharidized aniseed is offered by Sade and taken. The same evening at nine o'clock Sade visits Marguerite Coste (aged 19) in the Rue Saint-Ferreol-le-Vieux; paedicacio, aniseed.

June 30--Marguerite Coste, who has had liberal helpings of the Marquis' confectionery, has been "suffering internal pains for several days," and believes herself poisoned by the aniseed.

July 1--The first four prostitutes make depositions complaining of alimentary pains and unworthy conduct in their clients, whom they accuse of heterosexual sodomy. Warrants are issued for the arrest of Sade and Latour.

September--The public prosecutor's sentence at Marseille: Sade and Latour are condemned to make due apology in front of the cathedral door before being taken to the Place Saint-Louis where "the said Sr. de Sade is to be beheaded on a scaffold and the said Latour hung and strangled on a gibbet ... then the body of the said Sr. de Sade and that of the said Latour shall be burnt and their ashes thrown to the wind..." The crime is stated to be "poisoning and sodomy."

September 12--Sade and Latour are executed and burnt in effigy at Aix.

October--the Marquis arrives at Chambery.

December--At the insistance of his mother-in-law, Madame de Montreuil, Sade and his servant are arrested by command of the King of Sardinia, Duke of Savoy. He is sent to the Fortress of Miolans, and signs a promise not to attempt to escape.

1773   April--The Marquis, his servant, and a fellow prisoner escape in the night.

May--Sade arrives at Grenoble.

1774   January--An officer, constables, and mounted constabulary enter La Coste during the night, but find only the Marquis.

November--The Marquis has been living at La Coste in the utmost seclusion.

1775   Complaints of rape and seduction are made against the Marquis by young persons from Vienne and Lyon. Anne Sablonnière gives birth to a daughter she attributes to the Marquis. The child lives three months.

June--The Prior of the Monastery of Jumiège informs

the Abbé de Sade that he has given asylum to a girl escaped from La Coste, and that three servants have come from there to take her away, on the pretext that she has stolen 40 francs. The Abbé insisted that his nephew be shut up as mad. The Marquis must be confined for the rest of his days. He is convinced that the Marquise is no better than her husband, and that she allows young servants to have intercourse with a married woman who is a Lutheran.

August--the Marquis writes from Italy, where he is traveling incognito, under the name Count de Mazan.

September--He arrives at Rome.

1776   Sade is in Naples, where the French chargé d'affaires takes him for a fugitive cashier. He is obliged to reveal his identity, and is presented at Court in the uniform of a French Colonel.

May to June--He travels to Rome, Bologna, Turin, and Grenoble.

1777   January--Death of the Countess de Sade, the Marquis' mother.

January 17--Trillet arrives to reclaim his daughter Catherine, known as Justine in the château. During a dispute, Trillet fires a pistol at the Marquis. The shot misses and Trillet flees the same afternoon. Catherine attempts to pacify her father, who has been brought back to the château.

February--The Marquis is arrested and taken by Marais to Vincennes, where he is jailed.

1778   May--The King annuls the Marquis de Sade's arrest in absentia in September, 1772.

July--After public cross-examination, Sade is forbidden by decree of the Parliament of Provence to live in or frequent Marseille for a period of three years.

August--Sade takes to a vagrant life in the district. Returning to the château, the Marquis is arrested at dawn by Marais.

September--He arrives at Vincennes in the evening.

December--After three months' confinement, the prisoner is permitted to receive pens and paper and to take air twice a week.

1779 The Marquis sends New Year verses to Mlle. Rousset.

1781 The Marquis is visited by his wife for the first time.

1782 July--He finished the notebook containing his Dialogue entre un prêtre et un moribond.

September--Madame de Sade's visits cease on account of the prisoner's conduct.

1784 February--He is transferred to the Bastille.

1785 November--He finishes Les 120 Journées de Sodome after 37 days' work, writing it out on a long roll of paper measuring about 13 yards by 4 1/2 inches, using both sides.

1786 His wife's visits are re-established, once a month.

1787 Les Infortunes de la Vertu is concluded after 15 days' writing.

1788 March--Eugénie de Franval is begun and finished in 8 days.

November--He is allowed to receive his wife either for one hour every week or for two hours every two weeks.

1789 July--From the Répertoire ou journalier du château de la Bastille: "The Count de Sade shouted through his window, on several occasions, that the prisoners of the Bastille were having their throats cut, and that he should be released."

July--Sade is transferred to Charenton; Madame de Sade, unable to be present as assignee for the unsealing of the Marquis' room, leaves for the country. In the meantime his room is ransacked.

1790 April--Sade gains his liberty and leaves Charenton. He is absolutely without resources. Madame de

xiv

Sade, at the Convent of Sainte-Aure, refuses to see her husband.

August--Sade reads his play Le Mari Crédule at the Comédie-Française. He forms a liaison with a young actress, Marie-Constance Renelle.

September--Sade states his agreement to a decree of separation from his wife by default.

1791   June--His novel, Justine ou les Malheurs de la Vertu, is with the printers, and is published this year.

October--First performance, at the Théâtre Molière, of Le Comte Oxtiern ou les Effets du Libertinage.

1792   September--He is secretary of his Section des Piques during the massacres.

October--Sade is a soldier of the 8th Company of the Section des Piques and is charged with organizing its cavalry.

1793   Sade, suspected of moderatism, is arrested by the police of the Commune, and is taken to Madelonnettes.

1794   January 13--He is transferred to Carmes, and then to Saint-Lazare.

March--Ill, he is transferred to Picpus Hospital.

October--He is set free.

1795   In this year, La Philosophie dans le Boudoir is published.

August--The eight volumes of Aline et Valcour are published.

1796   Sade signs the bill of sale to Rovère, the "People's Member," of his château and lands at La Coste.

1797   Sade is traveling in Provence on business, with Madame Quesnet.

1798   Completely penniless, Sade and Madame Quesnet part company, and he takes refuge with one of his farmers in Beauce.

1799   He lives in a garret with Madame Quesnet's son,
        Charles.

        December--Oxtiern is revived at Versailles, and Sade
        plays the part of Fabrice.

1800   January--"Dying of cold and hunger," Sade is in a
        hospital at Versailles.

1801   March--Arrest of Sade and his publisher, Massé,
        with whom he was found during the house-search that
        brought to light several copies of Justine and Juliette
        annotated in his own hand, and several autograph
        manuscripts, including Justine.

        April--Sade incarcerated at Saint-Pélagie.

1802   He writes to the Minister of Justice that after fifteen
        months' detention in the most frightful prison in
        Paris, he wishes to be set free or sentenced.

1803   He is transferred to the asylum at Charenton.

1804   A report made to the Minister of Police considers
        Sade "an incorrigible man" in a perpetual state of
        "sexual dementia," and whose "Character is inimical
        to all obedience."

1807   April--Sade finishes his fair copy of the Histoire
        d'Emilie, which fills 72 notebooks and constitutes the
        last four volumes of a vast work in 10 volumes which
        has the general title of Les Journées de Florbelle ou
        la Nature dévoilée, suivies des Mémoires de l'abbé
        de Modose et des Aventures d'Emilie de Volnange.

        June--The police search his rooms at Charenton.

1808   Royer-Collard, head surgeon of the asylum at Charen-
        ton, points out to the Minister of Police the incon-
        venience of Sade's presence: "This man is by no
        means mad. Vice is his only frenzy..."

1809   Louis-Marie de Sade, the elder son of the Marquis,
        is killed in ambush in Italy.

1810   July--Death of the Marquise de Sade.

1814   December 1--Sade can no longer walk. Armand de

Sade arrives to see his sick father and begs M. Ramon, the house physician, to attend him. Sade's breathing is labored and stertorous, and becomes more and more congested; towards ten in the evening, shortly after drinking, the Marquis dies peacefully of a "pulmonary obstruction," according to Dr. Ramon, or of a "prostrating and gangrenous fever," according to subsequent administrative reports. In defiance of his will, the Marquis is buried in the cemetery of Saint-Maurice.

1. COLLECTED EDITIONS

[The photographs on the following pages are of the latest edition of the complete works of de Sade in French, published by the Cercle du livre précieux.]

D.A.F. SADE

Justine
ou les malheurs de la vertu.

La philosophie
dans le boudoir.

Aline et Valcour
ou le roman philosophique.

D.A.F. SADE

Vie du marquis de Sade
avec un examen de
ses ouvrages
par Gilbert Lély

D.A.F. SADE

La nouvelle Justine
ou les malheurs de la vertu
suivie de l'Histoire de Juliette, sa sœur
ou les prospérités du vice ❖❖

D.A.F. SADE

Aline et Valcour
ou le roman philosophique. ❖ ❖
La nouvelle Justine
ou les malheurs de la vertu
suivie de l'Histoire de Juliette, sa sœur
ou les prospérités du vice ❖

D A F SADE

Le marquise de Gange
précédée des
Opuscules politique et d'Oxtiern
Correspondance.

D A F SADE

La nouvelle justine
ou les malheurs de la vertu
suivie de l'Histoire de Juliette, sa sœur
ou les prospérités du vice ★★★★
Les crimes de l'amour

D.A.F SADE

Notes littéraires.
Les Journées de Florbelle.
Adélaïde de Brunswick. Isabelle de Bavière.
Œuvres inédites.
Études sur le marquis de Sade.

D.A.F SADE

Les cent vingt journées
de Sodome.
Opuscules.
Historiettes, contes et fabliaux.
Les infortunes de la vertu.

EDITIONS

L'Oeuvre du Marquis de Sade. Introduction, essai bibliographiques et notes par Guillaume Apollinaire. Paris:
Bibliothèque des curieux, 1909. 253p.

Marquis de Sade. Pages curieuses, recueillies et préfacées
par Balkis. Illustrations de Maurice L'Hoir. Paris:
La Grille (Les Bibliophiles Libertins, No. 2), 1929.
253p.

Oeuvres Choisies et Pages Magistrales du Marquis de Sade.
Publiées, Commentées et annotées par Maurice Heine.
Paris: Editions du Trianon, 1933. 254p.

Sade. Oeuvres. Introduction par M. Nadeau. Précédées
d'un essai: Exploration de Sade. Paris: La Jeune
Parque (Collection: Le Cheval Parlant, 3), 1947.

Morceaux Choisis. Publiés avec un prologue, une introduction, et un poème, un aide-mémoire biographique,
une bibliographie, treize documents hors texte et deux
lettres inédites du Marquis par Gilbert Lély. Paris:
Seghers, 1948.

Oeuvres Complètes du Marquis de Sade. Paris: J. J.
Pauvert, 1958.

I.   Les Infortunes de la Vertu. Preface: Jean Paul-
      han. 1 v.

II.   Justine, ou les Malheurs de la Vertu. Preface:
      Georges Bataille. 1 v.

III, IV, V. Les Crimes de l'Amour. Preface: Gil-
      bert Lély. 3 v.

VI.   Historiettes, Contes et Fabliaux. 1 v.

VII. Dialogue Entre un Prêtre et un Moribond, suivi de
      Pensée et d'Opuscules Divers. Preface: Maurice
      Heine. 1 v.

VII-XI.   Aline et Valcour. Preface: Pierre Klossowski. 4 v.

XII.   Ecrits Politiques-Oxtiern. 1 v.

XIII.   La Marquise de Gange. Preface: Gilbert
Lély. 1 v.

XIV-XVI.   Les 120 Journées de Sodome. 3 v.

XVII-XX.   La Nouvelle Justine. 4 v.

XXI-XXVI.   Histoire de Juliette. 6 v.

XXVII.   La Philosophie Dans Le Boudoir. 1 v.

Sade, Donatien Alphonse François, Comte, called Marquis de.
    Oeuvres Complètes. Paris: Pauvert, 1958 (i. e., 1960)
    1963. 13 v.

1.   Les infortunes de la vertu. Edition nouvelle.
Précédée de la douteuse Justine, ou Les
revanches de la pudeur, par Jean Paulhan et un
plan du roman par Maurice Heine. 1956 (i. e.,
1962).

2.   Justine, ou Les malheurs de la vertu. Preface
de Georges Bataille, 1958 (i. e., 1960). xxxvi,
417 p.

3-5.   Les crimes de l'amour. Introduction de Gilbert Lély. 1961. 3 v.

6.   Historiettes, contes et fabliaux. Dorci. 1962.
300 p.

7.   Dialogue entre un prêtre et un moribond et
autres opuscules. Preface de Maurice Heine.
1961. 139 p.

8-11.   Aline et Valcour, ou le roman philosophique.
Preface de Pierre Klossowski. 1963. 4 v.

12.   Ecrits politiques. Oxtiern. 1963. 172 p.

13.   La marquise de Gange. Introduction de Gilbert
Lély. 1963. vi, 323 p.

The famous trial of the publisher by the French govern-
ment caused four other titles (les 120 Journées de
Sodome, La Nouvelle Justine, Histoire de Juliette, La
Philosophie dans le Boudoir) to be declared "Epuisés,
(ne pouvant) faire l'objet que de ré-éditions hors com-
merce."

Oeuvres.   Introduction: Jean-Jacques Pauvert.   Illustration:
Giani Esposito.   Paris: Club français du livre, 1960.

1.   Justine, ou Les Malheurs de la Vertu.

2.   Dialogue entre un prêtre et un moribond.

3.   Eugénie de Franval.

4.   Idée sur les romans.

5.   L'auteur des "Crimes de l'Amour" à Villeterque,
folliculaire.

6.   Essai sur Sade-Pierre Klossowski.

Oeuvres Complètes.   Introduction: Reginald Hamel.   Volume
I.   La Philosophie dans le Boudoir.   Volume III-VI.
Aline et Valcour, ou Le Roman Philosophique.   Montreal: Editions du Bélier (Collection Ariès, 108, 115-
118), 1966.

Oeuvres Complètes du Marquis de Sade.   Edition définitive.
15 v.   Paris: Cercle du livre précieux, 1962-64.

1-2.   Vie du marquis de Sade, avec un examen de ses
ouvrages, par Gilbert Lély.   Nouvelle édition
revue et corrigée et en maints endroits refondue.
Postface d'Yves Bonnefoy. 1962.   2 v.

3.   Justine, ou les malheurs de la vertu.   Preface:
A. Hesnard et de Maurice Heine.   La Philosophie
dans le Boudoir.   Preface: Pierre Klossowski,
1963.

4-5.   Aline et Valcour, ou le roman philosophique.
Preface: Jean Fabre. 1962.   2 v.

6-9.   La Nouvelle Justine, ou Les malheurs de la vertu,
suivie de l'Histoire de Juliette, sa soeur, ou les

prospérités du vice. Prefaces: Maurice Blanchot, Georges Bataille, Pierre Klossowski, et Maurice Heine. 1963. 4 v.

10. Les crimes de l'amour, nouvelles héroiques et tragiques, suivies de L'auteur des Crimes de l'amour à Villeterque, Folliculaire. Prefaces: Jean Fabre, Pierre Klossowski. 1964.

11. La marquise de Gange, précédée des Opuscules politiques et d'Oxtiern, ou les malheurs du libertinage. Prefaces: Pierre Naville, Camille Schuwer, Gaëtan Picon. 1964. 430 p.

12. Correspondance, 1759-1814. Preface and postface: Gilbert Lély. 1964.

13. Les 120 journées de Sodome ou l'école du libertinage. Prefaces de Maurice Heine, A. Hesnard, Henri Pastoureau et Pierre Klossowski. 1964.

14. Opuscules. Historiettes, contes et fabliaux. Les infortunes de la vertu. Prefaces: Maurice Heine and d'Antoine Adam. 1963.

15. Histoire secrète d'Isabelle de Bavière, reine de France. Précédée des Notes littéraires, de Notes pour les Journées de Florbelle et d'Adelaïde de Brunswick, princesse de Saxe. Postface: Jean-Jacques Brochier, 1964.

D. A. F. Sade. Oeuvres Complètes. Edition definitive. 16 v. Paris: Cercle du livre précieux, 1966-67.

Tome I and II. Vie du Marquis de Sade, avec un examen de ses ouvrages par Gilbert Lély. Nouvelle édition revue et corrigée et en maints endroits refondue. Postface: Yves Bonnefoy. 1966.

Tome III and IV. Justine ou les malheurs de la vertu. Preface: A. Hesnard and M. Heine. La Philosophie dans le boudoir. Preface: P. Klossowski. Aline et Valcour. Preface: J. Fabre. 1966.

Tome V-VI. Aline et Valcour. La Nouvelle Justine ou les Malheurs de la Vertu suivie de l'Histoire de Juliette sa Soeur, ou les Prospérités du Vice.

Prefaced by M. Blanchot, G. Bataille, P. Klossowski, M. Heine. 1966.

Tome VII-VIII. La Nouvelle Justine ou les Malheurs de
la Vertu Suivie de l'Histoire de Juliette, sa Soeur,
ou les Prospérités du Vice. 1967.

Tome IX-X. La Nouvelle Justine ou les Malheurs de
la Vertu, suivie de l'Histoire de Juliette sa Soeur,
ou les Prospérités du Vice. Les Crimes de l'-
Amour. Prefaced by J. Fabre and P. Klossowski. 1967.

Tome XI-XII. La Marquise de Gange, Précédée des
Opuscules Politiques et d'Oxtiern ou les Malheurs
du Libertinage. Prefaced by P. Naville, C.
Schuwer, G. Picon. Correspondances 1759-1814.
Preface and postface by G. Lély. 1967.

Tome XIII-XIV. Les 120 Journées de Sodome. Prefaced
by M. Heine, A. Hesnard, H. Pastoureau, P.
Klossowski, J. Gillibert. Opuscules. Historiettes,
Contes et Fabliaux. Les Infortunes de la Vertu.
Prefaced by M. Heine, A. Adam. 1967.

Tome XV-XVI. Histoire Secrète.... Voyage d'Italie,
précédé des premières oeuvres. Suivi de Opuscules sur le théâtre publiés pour la première fois
sur les MSS autographes inédits par Gilbert Lély
and Georges Daumas. Textes Critiques par P.
Klossowski, R. Barthes, H. Damisch, P. Sollers,
M. Tort, P. Fedida. 1967.

2. WORKS BY DE SADE

JUSTINE

Justine, ou les Malheurs de la Vertu. 2 Volumes. (Frontispiece is reduced and engraved by Texier.) En Hollande (Paris): Chez les Libraires Associés (J.V. Girouard), 1791.

Justine, ou les Malheurs de la Vertu. With a frontispiece by Chéry. En Hollande (Paris): Chez les Libraires Associés, 1791.

Justine, ou les Malheurs de la Vertu. 2 Volumes. With a frontispiece and five illustrations. A Londres (Paris: Cazin), 1792.

Justine, ou les Malheurs de la Vertu. Third edition. 2 Volumes. With a frontispiece and eight illustrations. A Philadelphie (Paris): 1794.

Justine, ou les Malheurs de la Vertu. 4 Volumes. Six illustrations and further new episodes. A Londres (Paris): 1797.

Justine, ou les Malheurs de la Vertu. Trosième édition, corrigée et augmentée. 4 Volumes. En Hollande (Paris): 1800.

Justine, ou les Malheurs de la Vertu. Trosième édition, corrigée et augmentée. 4 Volumes. En Hollande (Paris): 1801.

Justine, ou les Malheurs de la Vertu. Prefaced by the Marquis de Sade. 2 Volumes. Paris: Olivier, Imprimerie Maltesse, 1835.

Histoire de Justine, ou les Malheurs de la Vertu, par le Marquis de Sade. 4 Volumes. En Hollande. Bruxelles: 1870.

Justine, ou les Malheurs de la Vertu. Par le Marquis de Sade. From the original Dutch edition. Avertissement

par Alcide Bonneau.   Paris: imprimé pour I. Liseux et
ses amis, 1884.

Justine, ou les Malheurs de la Vertu.   Paris: Larrive,
        1949.

Justine, ou les Malheurs de la Vertu.   Preface by G.
        Bataille.   Paris: Presses du livre français (collection:
        Le Soleil noir, 1), 1950.

Justine, ou les Malheurs de la Vertu.   Nice: Editions de
        la vieille France (collection: Les Petits Maîtres
        Erotiques), 1950.

Justine, ou les Malheurs de la Vertu.   Preface by Georges
        Bataille.   Paris: Pauvert, 1955.

Justine, ou les Malheurs de la Vertu.   Paris: Editions
        Féminines (collections: Les Classiques français et
        étrangers).   1965.

Justine, ou les Malheurs de la Vertu.   In Marquis de Sade.
        Oeuvres Complètes.   Prefaces by Dr. A. Hesnard et
        Maurice Heine.   Volume 3.   Paris: Cercle du livre
        précieux, 1966.

Justine, ou les Malheurs de la Vertu.   Preface by Réginald
        Hamel.   Montreal: Editions du Bélier (collection Ariès,
        103), n. d.

Justine, ou les Malheurs de la Vertu.   Viry-Châtillon
        (Essonne): S. E. D. I. E. P., 1967.

Justine, ou les Malheurs de la Vertu.   Editions de la Renais-
        sance (collection Club-Géant), 1967.

LA NOUVELLE JUSTINE

La Nouvelle Justine, ou les Malheurs de la vertu.   Ouvrage
        orné d'un frontispice et de quarante sujets gravés avec
        soin.   4 Volumes.   En Hollande (Paris): 1797.

La Nouvelle Justine, ou les Malheurs de la Vertu, followed
        by l'Histoire de Juliette sa Soeur....   10 Volumes.
        Reprint of Volumes 1-4 of La Nouvelle Justine.   En
        Hollande (Paris): 1797.

Marquis de Sade. Cent onze notes pour La Nouvelle Justine.
   Edited by Maurice Heine. Paris: Collection "Le Terrain Vague" No. 4, 1956.

La Nouvelle Justine, ou les Malheurs de la Vertu. Suivie
   de l'Histoire de Juliette sa Soeur, ou les Prospérités
   du Vice. Prefaces by Maurice Blanchot, Georges
   Bataille, Pierre Klossowski, Maurice Heine. Tomes
   VI, VII, VIII, IX. Paris: Cercle du livre précieux,
   1967.

Les Malheurs de la Vertu. Paris: Union générale d'édition
   (collection Le Monde en 10/18, 444-445), 1969.

                          JULIETTE

Juliette, ou La Suite de Justine. 4 Volumes. (No place of
   publication given): 1796.

Histoire de Juliette, ou les Prospérités du Vice, par le
   Marquis de Sade. 6 Volumes. Reprint of volumes 5-6
   of La Nouvelle Justine. En Hollande (Bruxelles): 1797.

Histoire de Juliette, ou les Prospérités du Vice. 6 volumes.
   Paris: Pauvert, 1954.

Les Prospérités du Vice. Paris: Union générale d'édition
   (collection: Le Monde en 10/18, No. 445-446), 1969.

Juliette, Les Prospérités du Vice. 4 Volumes. Montréal:
   Quintal Associés (collection: Eros, 105-108), 1969-1970.

Marquis de Sade. Le Bordel de Venise. Nouvelle édition,
   ornée d'aquarelles scandaleuses de Couperyn. Notice by
   Louis Perceau. Extracts from l'Histoire de Juliette.
   Venezia: aux dépens des philosophes libertines, 1931.

                     ALINE ET VALCOUR

Aline et Valcour, ou le Roman Philosophique. Ecrit à la
   Bastille, un an avant la Révolution de France. 4
   Volumes. Orné de 14 gravures par le Citoyen. Paris:
   Chez Girouard, libraire, rue du Bout-du-Monde, No. 47,

1793 and 1795.

Valmor et Lydia, ou Voyage Autour du Monde de Deux
   Amants Qui se Cherchent. 3 Volumes. (Abridged ver-
   sion of Aline et Valcour.) Paris: Pigoreau et Leroux,
   An VII, 1799.

Alzonde et Koradin. 2 Volumes. (Abridged version of Aline
   et Valcour.) Paris: Cerioux et Montardier, 1799.

Aline et Valcour, ou le Roman Philosophique. Ecrit à la
   Bastille un an avant la Révolution de France. 4 Volumes.
   Bruxelles: J. J. Gay, 1883.

Marquis de Sade. Leonore et Clementine, ou les Tartufes
   de l'Inquisition. (Extracts from Aline and Valcour.)
   Bibliographic notes by Louis Perceau. Paris: Le
   Cabinet du livre, 1930.

Aline et Valcour, ou Le Roman Philosophique. 4 Volumes.
   Preface by Jean Paulhan. Paris: Pauvert, 1955.

Aline et Valcour ou le Roman Philosophique. Preface by
   Pierre Klossowski. 4 Volumes in D. A. F. Sade.
   Oeuvres Complètes. Tomes VIII-XI. Paris: Pauvert,
   1963.

Aline et Valcour ou le Roman Philosophique. Preface by
   Jean Fabre. In Oeuvres Complètes du Marquis de Sade.
   Tomes IV and V. Paris: Cercle du livre précieux,
   1967.

LA PHILOSOPHIE DANS LE BOUDOIR

La Philosophie Dans Le Boudoir. Ouvrage posthume de
   l'auteur de Justine. (Frontispiece and four illustrations.)
   2 Volumes. A Londres (Paris): 1795.

La Philosophie Dans Le Boudoir, ou les Instituteurs Im-
   moraux. Ouvrage posthume par l'auteur de Justine.
   2 Volumes. Londres: aux dépens de la Compagnie,
   1805.

La Philosophie Dans Le Boudoir. Ouvrage posthume par
   l'auteur de Justine. 2 Volumes. Londres: aux dépens
   de la Compagnie, 1835.

La Philosophie Dans Le Boudoir, ou les Instituteurs Liber-
    tins.   Dialogues Destinés à l'Education des Jeunes
    Demoiselles, par le Marquis de Sade.   2 Volumes.
    Bruxelles: Poulet-Malassis, 1868.

La Philosophie Dans Le Boudoir, ou les Instituteurs Liber-
    tins.   Dialogues Destinés à l'Education des Jeunes
    Demoiselles, par le Marquis de Sade.   2 Volumes.
    Bruxelles: Vital-Puissant, 1872.

La Philosophie Dans Le Boudoir, ou les Instituteurs Liber-
    tins.   Dialogues Destinés à l'Education des Jeunes
    Demoiselles, par le Marquis de Sade.   Direct reprint
    of the 1868 edition by Poulet-Malassis.   Rotterdam: 1900.

Marquis de Sade.   La Philosophie Dans Le Boudoir, édition
    intégrale, précédée d'une étude sur le Marquis de Sade
    et le Sadisme par Helpey, bibliographe poitevin (Louis
    Perceau).   Paris: 1924; Vincennes: 1948.

La Philosophie Dans Le Boudoir.   (Texte Intégral).   Paris:
    Editions Premières, 1949.

La Philosophie Dans Le Boudoir, in Oeuvres Complètes du
    Marquis de Sade.   Tome III.   Paris: Cercle du livre
    précieux, 1966.

Français, Encore un Effort Si Vous Voulez Etre Républicains.
    Brochure tirée de la "Philosophie Dans Le Boudoir. "
    Paris: Presses Littéraires de France (Collection:
    Paroles dégelées, 3), 1951.

Français, Encore Un Effort Si Vous Voulez Etre Républi-
    cains.   Extracted from "La Philosophie Dans Le Bou-
    doir".   Introduction by Maurice Blanchot.   Paris:
    Pauvert (Collection Libertés, 28), 1965.

                        OXTIERN

Oxtiern ou Les Malheurs Du Libertinage.   Drame en trois
    actes et en prose, par D. A. F. S.   Représenté au
    théâtre Molière, Paris en 1791 et à Versailles... l'an
    VIII de la République.   Versailles: Blaisot, libraire,
    rue Satory, an VIII (1800).

Oxtiern ou Les Malheurs Du Libertinage.   Sceaux: Editions
     Palimugre, 1948.

Oxtiern and Ecrits Politiques.   Bibliography, Gastorn
     Profhül.   Paris: Pauvert, 1957.

Oxtiern ou Les Malheurs du Libertinage.   In Oeuvres Com-
     plètes du Marquis de Sade.   Tome XI.   Paris: Cercle
     du livre précieux, 1967.

LES CRIMES DE L'AMOUR

Les Crimes De l'Amour ou Le Délire Des Passions.
     Nouvelles historiques et tragiques, précédées d'une Idée
     sur les romans et ornées de gravures, par D. A. F.
     Sade, auteur d'Aline et Valcour.   4 Volumes.   Paris:
     Chez Massé, Editeur propiétaire, rue Helvetius, No.
     580, an VIII (1800).

     Vol. I.   Juliette et Raunai ou la Conspiration
                 d'Amboise; La Double Epreuve.

     Vol. II.   Miss Henriette Stralson ou les Effets de deses-
                 poir; Faxelange ou les torts de l'ambition;
                 Florville et Courval ou le Fatalisme.

     Vol. III.   Rodrigue ou la Tour enchantée; Laurence et
                 Antonio; Ernestine.

     Vol. IV.   Dorgeville ou le Criminal par Vertu; La Com-
                 tesse de Sancerre ou la Rivale de sa fille;
                 Eugénie de Franval.

L'Auteur des Crimes de l'Amour à Villeterque.   Folli-
     culaire.   Paris: Massé, an IX (1800).

Marquis de Sade.   Les Crimes de l'Amour.   Précédé d'un
     avant propos, d'une notice bibliographique du Marquis
     de Sade.   Bruxelles: Gay and Doucé, 1881.

Miss Henriette Stralson.   Extracts from Crimes De l'Amour.
     In Oeuvre du Marquis de Sade, pages choisies.   Intro-
     duction, essai bibliographique et notes par Guillaume
     Apollinaire.   Paris: Bibliothèque des curieux, 1909.

<u>Ernestine</u>. Extracts from <u>Les Crimes de l'Amour</u>. Paris:
J. Fort, Au Cabinet du livre, 1926.

<u>La Double Epreuve</u>. <u>Eugénie de Franval</u>. From <u>Les Crimes</u>
<u>de l'Amour</u> in <u>Oeuvres choisies et pages magistrales du</u>
<u>Marquis de Sade</u>. Notes and Commentaries, Maurice
Heine. Paris: Trianon, 1933.

<u>Miss Henriette Stralson</u>. Extracts from <u>Crimes de l'Amour</u>.
Paris: Collection Cruauté, 1946.

<u>Les Crimes de l'Amour</u>. 2 Volumes. Sceaux: Editions du
Palmugre, 1948.

<u>Eugénie de Franval</u>. Extracts from <u>Les Crimes de l'Amour</u>.
Contains also: A huit rais d'or, poème, par Gilbert
Lély. Avignon: Artigues, 1948.

<u>Les Crimes de l'Amour</u>. <u>Historiettes, Contes et Fabliaux</u>.
Paris: Le Sagitaire, 1950.

<u>Les Crimes de l'Amour</u>. Tome I. <u>Idée sur les romans</u>;
<u>Faxelange</u>; <u>Eugénie de Franval</u>; <u>Dorgeville</u>; <u>A villeterque,</u>
folliculaire, précédé d'une note bibliographique. Paris:
J. J. Pauvert, 1953.

<u>Les Crimes de l'Amour</u>. 3 Volumes in <u>D. A. F. Sade</u>.
<u>Oeuvres Complètes</u>. Introduction by Gilbert Lély. Paris:
Pauvert, 1955.

<u>Nouvelles Exemplaires</u>. Selections from <u>Les Crimes de</u>
<u>l'Amour</u> and <u>Historiettes</u>. <u>Contes et Fabliaux</u>. Notice
and Introduction by Gilbert Lély. Augustine de Ville-
branche; Emilie de Tourville; Il y a place pour deux;
Florville et Courval; Le Président Mystifié; Eugénie de
Franval. Paris: Club français du livre, 1958.

<u>Les Crimes de l'Amour</u>. 3 Volumes. Introduction by Gil-
bert Lély. Paris: Pauvert, 1961.

Tome I.   Idée sur les romans, Juliette et Rauni;
           La double épreuve; Miss Henriette Stralson.

Tome II.   Faxelange; Florville et Courval; Rodrigue;
           Laurence et Antonio.

Tome III. Ernestine; Dorgeville; La comtesse de

Sancerre; Eugénie de Franval; A Villeterque.

La Double Epreuve. Extract from Les Crimes de l'Amour.
Contains also Laurence et Antonio. Paris: Editions
Féminines (Collection: Les Classiques français et
étrangers), 1965.

Les Crimes de l'Amour. Paris: Editions de la Renaissance
(Collection: Club-Géant), 1967.

Les Crimes de l'Amour. Preface by Reginald Hamel. 3
Volumes. Montreal: Editions du Bélier (Collection:
Ariès 121-123), 1967.

Les Crimes de l'Amour. Paris: Livre-Club des Champs-
Elysées (Editions Baudelaire), 1967.

Les Crimes De l'Amour, Nouvelles Héroiques et Tragique,
Suivies de l'Auteur Des Crimes de l'Amour à Villeterque,
Folliculaire. Prefaces by Jean Fabre and Pierre Klos-
sowski. In Oeuvres Complètes du Marquis de Sade.
Tome X. Paris: Cercle du livre précieux, 1967.

Ernestine and Florville et Courval, ou Le Fatalisme. Montreal: Editions Ariès (Collection: Les Classiques français et étrangers), 1968.

Les Crimes de l'Amour. Viry-Châtillon (Essonne): SEDIEP,
1969.

Les Crimes de l'Amour. Paris: Editions Bel air (Collection: Vénus), 1969. London, New York: Sambel, 1969.

Les Crimes de l'Amour: Eugénie de Franval. Original
lithographs by Xavier Saint-Justh. No. ed. No date.

Idée Sur Les Romans. Extracts from Les Crimes de
l'Amour. Preface by Frederic Prince. Sceaux: Editions du Palmugre, n. d.

HISTOIRE SECRETE D'ISABELLE DE BAVIÈRE

Histoire Secrète d'Isabelle de Bavière, reine de France, dans
laquelle se trouvent des faits rares et inconnus, ou
restes dans l'oubli jusqu'à ce jour, et soigneusement

stagés de manuscrits authentiques, allemands, anglais et
latins. Publiée pour la première fois sur le manuscrit
autographe inédit. Written in 1813. Foreword by
Gilbert Lély. Paris: Gallimard, 1953.

Histoire Secrète d'Isabelle de Bavière, reine de France.
Foreword by Gilbert Lély. Paris: Club français du
livre, 1964.

Histoire Secrète d'Isabelle de Bavière Reine de France. In
Oeuvres Complètes du Marquis de Sade. Tome XV.
Paris: Cercle du livre précieux, 1967.

Histoire Secrète d'Isabelle de Bavière, reine de France.
Texte établi et présenté par Gilbert Lély. Paris: Union
Générale d'Editions (Collection: Le Monde en 10/18, no.
396-397), 1968.

LA MARQUISE DE GANGE

La Marquise de Gange. 2 Volumes. Paris: Béchet, libraire, quai des Augustins, no. 63, 1813.

La Marquise de Gange. Roman. Texte conforme à l'édition unique de 1813. Preface by Gilbert Lély. Paris:
Pierre Amiot, 1957.

La Marquise de Gange. Introduction by Gilbert Lély. Paris:
Pauvert, 1961.

La Marquise de Gange (Oeuvres Complètes, 13). Paris:
Editions Esprit de Joie, 1964.

La Marquise de Gange. Introduction by Hubert Juin. Paris:
Nouvel office d'édition (Collection: Poche-Club, 37), 1965.

La Marquise de Gange. Introduction by Hubert Juin. Paris:
Belfond, 1965.

La Marquise de Gange. Viry-Châtillon (Essonne): SEDIEP,
1967.

La Marquise de Gange. Prefaces by Pierre Naville, Camille
Schuwer, Gaëtan Picon. In Oeuvres Complètes du Marquis de Sade. Tome XI. Paris: Cercle du livre précieux,
1967.

OTHER NOVELS

<u>Adélaide de Brunswick,</u> princesse de Saxe, événement du
   XIe siècle.

<u>Adélaide de Brunswick Princesse de Saxe.</u>   In <u>Oeuvres Com-
   plètes du Marquis de Sade.</u>   Tome XIV.   Paris: Cercle
   du livre précieux, 1967.

<u>Conrad.</u>   Dealing with the Albigenses.   Seized by the author-
   ities in 1803 when Sade was transferred to Charenton.

<u>Marcel.</u>

<u>Pholoé et Zénocrate.</u>   In epistolary form and unfinished.

<u>Les Journées de Florabelle....</u>

<u>Voyage d'Italie,</u> précédé des premières oeuvres, suivi de
   Opuscules sur le théâtre publiés pour la première fois
   sur les manuscrits autographes inédits par Gilbert Lély
   et Georges Daumas.   In <u>Oeuvres Complètes du Marquis de Sade.</u>   Tome XVI.   Paris: Cercle du livre
   précieux, 1967.

POLITICAL PAMPHLETS

<u>Adresse D'Un Citoyen De Paris Au Roi Des Français.</u>   (Le
   Marquis de Sade.)   8 Volumes.   Paris: Girouard, im-
   primeur, rue du Bout-du-Monde, no date (1791).

<u>Idée Sur Le Mode De La Sanction Des Loix.</u>   Paris: De
   l'Imprimerie de la rue S. Fiacre, No. 2, no date
   (1792).

<u>Projet De Pétitions Des Sections De Paris A La Convention
   Nationale.</u>   Paris: De l'Imprimerie de la Section des
   Piques de la rue S. Fiacre, No. 2, no date (1793).

<u>Discours Prononcé A La Fête Décernée Par La Section Des
   Piques, Aux Manes De Marat Et De La Pelletier.</u>   Par
   Sade, citoyen de cette section et membre de la Société
   populaire de la Section des Piques.   Paris: De l'Imprimerie de la Section des Piques, rue S. Fiacre, No.
   2, no date (1793).

<u>La Section des Piques A Ses Frères et Amis De La Société</u>
<u>De La Liberté et De l'Egalité A Saintes</u>.... (Signed:
Pyron, Girard, Artaud, Sade, Clavier.) Paris: Imprimerie de la Section des Piques, ce 19 Juillet 1793,
l'an 11.

<u>Pétition De La Section Des Piques Aux Représentans Du</u>
<u>Peuple Français</u>.   Paris: 1793.

<u>Pétitions Des Sections De Paris A La Convention Nationale</u>.
Paris: Imprimerie de la Section des Piques, n. d.

<u>Opuscules Politiques</u>.   In <u>Oeuvres Complètes du Marquis de</u>
<u>Sade</u>.   Tome XI.   Paris: Cercle du livre précieux,
1967.

1.   Adresse d'un Citoyen de Paris au Roi des Français.
(Juin 1791).

2.   Observations Présentées à l'Assemblée Administrative des Hôpitaux.   (28 Octobre 1792).

3.   Idée Sur le Mode de la Sanction des Lois.   (Novembre 1792).

4.   Projet de Pétition des Sections de Paris à la Convention Nationale.   (Juin 1793).

5.   Pétition des Sections de Paris à la Convention Nationale.   (Juin 1793).

6.   Extrait des Registres des délibérations de l'Assemblée Générale de la Section des Piques du 12 Juillet
1793.

7.   La Section des Piques à Ses Frères et Amis de la
Société de la Liberté à Saintes.   (10 Juillet 1793).

8.   Discours Prononcé à la Fête Décernée par la Section des Piques aux Manes de Marat et de Pelletier.
(29 Septembre 1793).

9.   Petition de la Section des Piques aux Représentants
du Peuple Français.   (15 Novembre 1793).

10.   Projet Tendant à Changer le Nom des Rues de l'Ar-
rondissement de la Section des Piques.   (7 Novembre
1793).

PRINCIPAL POSTHUMOUS WORKS

DORCI

Dorci ou La Bizarrerie Du Sort. Conte inédit par le Marquis de Sade, publié sur le manuscrit avec une notice sur l'auteur (Signed A. F., Anatole France). Paris: Charavay Frères, Editeurs, n. d.

Dorci, ou la Bizarrerie du Sort. Suivi de Dialogue Entre un Prêtre et un Moribond. Avec une notice sur l'auteur. Pernette (Collection: Plaisirs aux lettres), 1957.

LES 120 JOURNEES DE SODOME

Les 120 Journées de Sodome ou l'Ecole de Libertinage, par le Marquis de Sade. Publié pour la première fois d'après le manuscrit original, avec des annotations scientifiques, par le Docteur Eugen Dühren. Paris: Club des Bibliophiles, 1904.

Les 120 Journées de Sodome ou l'Ecole du Libertinage. Par le Marquis de Sade. Written August and September 1785. Edition Critique, établie sur le manuscrit original par Maurice Heine. 3 Volumes. Paris: S. and C., aux dépens des Bibliophiles Souscripteurs, 1931-1935.

Les 120 Journées de Sodome ou L'Ecole du Libertinage. 2 Volumes. Montreal: Editions du Bélier (Collection: Ariès, 178-179), 1967.

Les 120 Journées de Sodome ou L'Ecole du Libertinage. In Oeuvres Complètes du Marquis de Sade. Tome XIII. Prefaces by Maurice Heine, A. Hesnard, Henri Pastoureau, Pierre Klossowski, Jean Gillibert. Paris: Cercle du livre précieux, 1967.

HISTORIETTES, CONTES ET FABLIAUX

Historiettes, Contes et Fabliaux de Donatien-Alphonse-François Marquis de Sade, publiés pour la première fois sur les manuscrits autographe inédits par Maurice Heine. 2 Volumes. Paris: Société du Roman Philosophique, 1926.

Contains: Le Serpent; L'heureuse feinte; le M---puni; l'Evêque embourbé; le Revenant; Les Harangueurs provençaux; Attrapezmoi toujours de même; L'Epoux complaisant; Aventure incompréhensible; La Fleur de Châtaignier; L'Instituteur philosophe; La Prude ou la Recontre Imprévue; Emilie de Tourville ou la Cruauté fraternelle; Augustine de Villeblanche, ou le Stratagème de l'Amour; Soit fait ainsi qu'il est requis; Le Président mystifié; La Marquise de Télème ou les Effets du Libertinage; Le Talion; le Cocu de lui-même ou le Raccommodement imprévu; Il y a place pour deux; L'Epoux corrigé; Le Mari prêtre, conte provençal; La Châtelaine de Longeville ou la Femme vengée; Les Filous.

Marquis de Sade. Historiettes, Contes et Fablieux. Publication based on the authentic text by the Société du Roman Philosophique. Avant-propos by Maurice Heine. Paris: S. Kra, 1927.

Les Carnets d'un Libertin. Historiettes, Contes et Fabliaux. Bruxelles: Club Mondial du Livre, 1956; Paris: Club du Livre du Mois, 1957.

L'Epoux Complaisant et Autres Récits. (Historiettes, Contes et Fabliaux). Introduction by Gilbert Lély. Paris: Union générale d'éditions (Collection: Le Monde 10/18, 408-409), 1968.

La Châtelaine de Longeville, ou La Femme Vengée. Viry-Châtillon (Val-de-Marne): SEDIEP, 1968.

DIALOGUE ENTRE UN PRETE ET UN MORIBOND

Dialogue Entre Un Prête et Un Moribond. Par Donatien-Alphonse-François Marquis de Sade, publié pour la première fois, written in 1782, avec un avant-propos et des notes par Maurice Heine. Paris: Stendhal et Cie, 1926.

Dialogue Entre Un Prêtre et Un Moribond.   Paris: Presses
    Littéraires de France, 1949.

Dialogue Entre Un Prêtre et Un Moribond.   Suivie d'une
    Pensée.   Sceaux: Pauvert, 1953.

Dialogue Entre Un Prêtre et Un Moribond et Autres Opus-
    cules.   Préface de Maurice Heine.   Paris: J. J.
    Pauvert, 1961.

Dialogue Entre Un Prêtre et Un Moribond et Autres Opus-
    cules.   In Oeuvres Complètes du Marquis de Sade.
    Tome XIV.   Prefaces by Maurice Heine and Antoine
    Adam.   Paris: Cercle du livre précieux, 1967.

LES INFORTUNES DE LA VERTU

Marquis de Sade.   Les Infortunes de la Vertu.   Text
    established from the original autographed manuscript
    published for the first time.   Introduction by Maurice
    Heine.   Paris: Fourcade, 1930.

Les Infortunes de la Vertu.   Notice by M. Heine, bibli-
    ography by Robert Valençay, introduction by J. Paulhan.
    Paris: Editions du Point du Jour (Collection: Incidences),
    1946.

Infortunes de la Vertu.   Preface by Thierry Maulnier.
    Paris: J. Valmont, 1947.

Les Infortunes de la Vertu.   Sceaux: Pauvert, 1954.

Les Infortunes de la Vertu.   Edition Nouvelle Précédée de
    la Douteuse Justine et Les Revanches de la Pudeur.
    Edited by Jean Paulhan.   Paris: Pauvert, 1959.

Les Infortunes de la Vertu.   Followed by Historiettes,
    Contes et Fabliaux.   Introduction by Gilbert Lély. Paris:
    Union Générale d'Editions (Collection: Le Monde en
    10/18, 239-241), 1965.

Les Infortunes de la Vertu.   Followed by La Marquise de
    Gange.   Paris: Editions de la Renaissance (Collection:
    Club-Géant), 1967.

Les Infortunes de la Vertu.   Paris: Livre-Club des Champs-
    Elysées (Editions Baudelaire), 1967.

Les Infortunes de la Vertu.   Followed by Historiettes,
    Contes et Fabliaux.   Quebec: Club des livres à Succès,
    1967.

Les Infortunes de la Vertu.   In Oeuvres Complètes du Mar-
    quis de Sade.   Tome XIV.   Preface by Maurice Heine.
    Paris: Cercle du livre précieux, 1967.

Les Infortunes de la Vertu.   Paris: Editions Belair (Collec-
    tion: Vénus), 1969.

Les Infortunes de la Vertu.   Chronology and preface by
    Jean-Marie Goulemot.   Paris: Garnier; Flammarion
    (Collection: Garnier-Flammarion, 214), 1969.

Les Infortunes de la Vertu.   Text established on the MS
    presented and annotated by Béatrice Didier.   Preface by
    Jean Paulhan.   Paris: Hachette (Collection: Le Livre de
    Poche, 2804, Série Classique), 1970.

CORRESPONDANCES

Correspondance Inédite du Marquis de Sade de ses Proches
et ses Familiers. Publiée avec une introduction des
annales et des notes par Paul Bourdin. Paris: Librairie de France, 1929; Geneva: Slatkine reprints, 1970.

Marquis de Sade. L'Aigle Mademoiselle.... Lettres publiées pour la première fois sur les manuscrits autographes inédits. Preface and commentary by Gilbert
Lély. Avignon: Editions Artigues, 1949.

Marquis de Sade. La Vanille et la Manille. Lettre inédite
à Madame de Sade écrite au donjon de Vincennes en
1783 (1784). Published by Gilbert Lély. Paris: Collection Drosera, 1950.

Marquis de Sade. La Vanille et la Manille. Edited by Yvon
Belaval. Cahiers de la Pléiade. Volume 12, 1951,
pp. 156-159.

Marquis de Sade. Lettre à Marie-Dorothée de Rousset.
Edited by Gilbert Lély. Cahiers de la Pléiade, Volume
12, 1951, pp. 148-155.

Marquis de Sade. Cahiers Personnels (1803-1804). Publiés
pour la première fois sur les manuscrits authentiques.
Preface and notes by Gilbert Lély. Appendix: I. Projet de Séide. II. Notes sur M. de Sade, par le docteur
L. -J. Ramon. Paris: Corrêa, 1953. 127 p.

Marquis de Sade. Le Carillon de Vincennes: Lettres Inédites. Edited by Gilbert Lély. Paris: Arcanes
(Collection: Humour Noir, 5), 1953.

Marquis de Sade. Monsieur le 6; Lettres Inédites (1778-
1784). Edited by Georges Daumas. Preface by Gilbert
Lély. Paris: Julliard, Sequana (Collection: Les Lettres Nouvelles), 1954.

Nouvelles Exemplaires. Choix, notices et introduction de
Gilbert Lély. Paris: Club français du livre, 1958.
402 p.

Marquis de Sade. Mon Arrestation du 26 Août (1778).
    Lettre Inédite, Suivie des Etrennes Philosophiques.
    Edited by Gilbert Lély. Paris: Hughes, libraire, 1959.

Lettres Choisies. Preface by Gilbert Lély. Paris: J. J.
    Pauvert, 1963.

Lettres aux Femmes du Marquis de Sade. Paris: Cercle
    du livre précieux, 1965.

Lettres aux Femmes. 4 Volumes, together with: Napoléon
    I: Lettres à Josephine. Lettres de la Religieuse
    Portugaise. Les Pinasse, J. de. Lettres d'une Maî-
    tresse. Paris: Tchou (Collection: Le livre de chevet.
    Série bibliothèque amoureuse), 1965.

Correspondance (1759-1814). In Oeuvres Complétes du Mar-
    quis de Sade. Tome XII. Preface and postface by
    Gilbert Lély. Paris: Cercle du livre précieux, 1967.

Lettres Choisies. Preface: Gilbert Lély. Paris: Union
    générale d'édition (Collection: Le Monde en 10/18. no.
    443), 1969.

Journal inédit. Deux Cahiers Retrouvés du Journal Inédit du
    Marquis de Sade (1807-1808-1814) suivis en appendice
    d'une notice sur l'hospice de Charenton par Hippolyte de
    Colins. Publié pour la première fois sur les manuscrit
    autographes inédits avec une préface de Georges Dumas.
    Paris: Gallimard, 1970.

MISCELLANEOUS

Le Portefeuille D'Un Homme de Lettres. 4 Volumes.

11 manuscript books, a journal of Sade's imprisonment at
   Vincennes and in the Bastille, 1770-1789. Partly
   written in cipher. Said to have been destroyed.

Mémoires. An outline, with fragments.

Un Plan de Maison Publique.

Projet D'Un Combat De Gladiateurs.

Contes, etc., par le Marquis de Sade. 20 notebooks bound
   together dated 1785. 494 pp. In the Bibliothèque Nationale, and partly published by Maurice Heine in Historiettes, etc., 1926.

La Vérité, poème inédit publié sur le manuscrit autographe
   par G. Lély. Paris: J. J. Pauvert, 1961.

"Un Poème Inconnu du Marquis de Sade". Lettres Nouvelles,
   Volume 1, 1953, pp. 193-198.

Seïde, Conte Moral et Philosophique. Introduction by Gilbert Lély. Mercure de France, Volume 316, Oct. 1952,
   pp. 210-215.

WORKS ATTRIBUTED TO SADE

ZOLOE ET SES DEUX ACOLYTES

Zoloé et Ses Deux Acolytes, ou Quelques Décades De La Vie de Trois Jolies Femmes: Histoire véritable du siècle dernier: Par un contemporain. A Turin: se trouve à Paris, chez tous les marchands de nouveautés De l'Imprimerie de l'auteur, Messidor, VIII (1800).

Marquis de Sade. Zoloé et Ses Deux Acolytes, ou Quelques Decades de la Vie de Trois Jolies Femmes. Paris: Bibliothèque des curieux, 1926.

Marquis de Sade. Zoloé et Ses Deux Acolytes, ou Quelques Decades de la Vie de Trois Jolies Femmes. Preceeded by a bio-bibliographical study by Fernand Mitton. Paris: Librairie intermédiaire du bibliophile, 1928.

N. B. Recent research indicates that the above works were not written by the Marquis de Sade. However, since it has been attributed to him for so many years, we feel that it may have a point of reference in this bibliography.

OTHER ATTRIBUTED WORKS

Pauline et Belval ou Les Victimes de l'Amour Criminel, anecdote parisienne du XVIIe siècle. 3 Volumes, 12 mo. With engravings. Paris, (1798).

Pauline et Belval, ou Suites Funestes D'Un Amour Criminel, anecdote récente. Par M. R. ---. 2 Volumes. Paris: Chambon, 1812.

La France Foutue, tragédie lubrique et royaliste, in 3 acts and verse. A Barbe-en-con, en Foutro-manie, l'an des fouteurs, 1796.

Valmor et Lydia, ou Voyage autour du monde de deux amants qui se cherchaient. 3 volumes in 1. Paris: Pigoreau et Leroux, 1799.

Alzonde et Koradin. 2 volumes. Paris, 1799.

UNPUBLISHED MANUSCRIPTS

L'École des Jaloux, ou La Folle Epreuve. A one-act play in vers libre.

Franchise et Trahison. A prose drama in three acts.

Le Misanthrope par Amour, ou Sophie et Desfrancs. A five-act play in vers libre, with entr'actes.

Le Capricieux, ou L'Homme inégal. A verse play in five acts.

La Fête de l'Amitié, encadrant un prologue et un vaudeville ayant pour titre: Hommage à la reconnaissance. In two acts, incorporating prose, verse and vaudeville.

La Tour Mystérieuse, A one-act opéra-comique.

Azélis, ou la Coquette punie. A pantomime in one act, in vers libre.

Les Jumelles, ou Le Choix Difficile. A two-act play in verse.

Le Prévaricateur, ou Le Magistrat du Temps Passé. A play in five acts in verse.

Henriette de Saint-Clair, ou La Force du Sang. A five-act prose drama.

Jeanne Laisné, ou Le Siege de Beauvais. A five-act tragedy in verse.

Fanni, ou Les Effets du Désespoir. A three-act prose drama.

L'Union des Arts, ou Les Ruses de l'Amour. A play in alexandrines, in vers libre, prose, music, and vaudeville.

Les Antiquaires. A play in one act, in prose.

31

L'Égarement de l'Infortune.   In three acts.

Le Père de Famille.   In three acts.

Tancréde.   In one act, with verse and music.

Cléotine, ou La Fille Malheureuse.   In three acts.

Le Boudoir.

La Double Intrigue.

Julia, ou Le Mariage Sans Femme.   A folie-vaudeville in
    one act.

3. TRANSLATIONS
INDEXED BY LANGUAGE

(In Chronological Order)

CZECHOSLOVAKIAN

Leonora a Klementina. Czechoslovakia, Praha: Jaroslav
Korel, 1936.

DANISH

Ulykkerne Folger den Dydige eller Justine. "Les infortunes
de la Vertu. " Translated by Kamma Albrechtsen.
København: Biilman og Eriksen, 1965.

Markis de Sade Antologi. Translated by Albert Larsen.
København: Thaning and Appel, 1966.

Sadistisk Testamente. "La Philosophie dans le Boudoir. "
København: Olympia Press and Obelisk, 1967.

DUTCH

Een Selectie... (Beauvoir.) Moeten Wij Sade Verbranden?
"Beauvoir: Sade. Oeuvres and Faut-il Brûler Sade?"
Translated by C. Veerman, Jenny Tuin. Amsterdam:
Van Ditmar, 1963-1964.

Sade-Vitspraken. Translated by F. J. Schmidt and A. C.
Wiemeyer. Holland, 's-Grav: Boucher, 1965.

Gesprek Tussen een Priester en een Stervende. "Dialogue
entre un Prêtre et un Moribond; La Vérité; Idée sur les
Romans. " Translated by Hervig Leus. Amsterdam:
Polak en Van Gennep, 1965.

Justine of de Tegenspoed der Deugdzaamheid. "Justine. "
Translated by Gemma Pappot. Holland, 's-Grav:
Bakker-Daamen, 1967.

De Alaapkamerfilosofen. "La Philosophie dans le Boudoir. "
Translated by Gemma Pappot. Holland, 's-Grav: Daamen,
1969.

34

Justine; of, De Tegenspaed der Deugdzaamheid. "Justine."
     Translated by Gemma Pappot. Holland, 's-Grav:
     Daamen, 1969.

De 120 Dagen Van Sodom; of, De School der Lasbandigheid.
     "Les 120 Journées de Sodome." Translated by Hans
     Warren. Holland, 's-Grav: Daamen, 1969.

                         ENGLISH

Opus Sadicum. A philosophical romance for the first time.
     Translated from the original French (Holland, 1791).
     Paris: I. Liseux, 1889.

The Pleasures of Cruelty.   Sequel to Justine and Juliette.
     3 volumes. Paris and London: 1898.

Dialogue Between a Priest and a Dying Man.   "Dialogue
     entre un Prêtre et un Moribond." Translated by Samuel
     Putnam. Chicago: Pascal Covici, 1927.

One Hundred and Twenty Days of Sodom or the School of
     Libertinage. Translated by Raymond Sabatier. New
     York: Falstaff Press, 1934.

The Marquis de Sade: An essay by Simone de Beauvoir.
     Translated by Annette Michelson, with selections from
     his writings chosen and translated by Paul Dinnage.
     "Faut-il Brûler Sade? in Les Temps Modernes. 1951-
     1952." New York: Grove Press, 1953.

Selected Writings.   Selected and translated by Leonard de
     Saint-Yves. London: P. Owen, 1953; New York:
     British Book Center, 1954.

Justine. In: The New Paris Teaser. "Justine, ou Les In-
     fortunes de la Vertu." Paris: Olympia Press, 1954.

Adelaide of Brunswick. Translated by Hobart Ryland from
     an unpublished manuscript recently discovered among the
     papers left by the Marquis de Sade. Washington: Scare-
     crow, 1954.

Adelaide of Brunswick. Translated by Hobart Ryland.
     London: Bailey and Swinfen, 1954.

The 120 Days of Sodom; or the Romance of the School for
    Libertinage. Translated together with a prefatory essay
    by Georges Bataille and Pieralessandro Casavini. 3
    volumes. Paris: Olympia Press, 1957.

The Bedroom Philosophers. "La Philosophie dans le
    Boudoir. " Translated by Pieralessandro Casavini. Paris:
    Olympia Press, 1957.

Justine, or Good Conduct Well Chastised. Translated by
    Pieralessandro Casavini. Paris: Olympia Press, 1959.

The Story of Juliette, or Vice Amply Rewarded. Translated
    by Pieralessandro Casavini. Paris: Olympia Press,
    1960.

De Sade Quartet. Translated by Margaret Crosland. Lon-
    don: Owen, 1963.

Justine, or the Misfortunes of Virtue. A faithful and unex-
    purgated translation from the original manuscript of
    1787, together with expansions and selected variants
    from the editions of 1791 and 1797. Notes, bibliography
    and introduction by Alan Hull Walton. London: N.
    Spearman, 1964.

Selected Letters. "Lettres. " Translated by W. J. Stachan.
    London: P. Owen, 1965.

Eugenie de Franval, and Other Stories. Translated and in-
    troduced by Margaret Crosland. London: Spearman,
    1965.

Crimes of Passion. "Les Crimes de l'Amour. " Translated
    by Wade Baskin. New York: Castle Books, 1965.

The Complete Justine, Philosophy in the Bedroom, and other
    writings. Compiled and translated by Richard Seaver
    Austryn Wainhouse. With introductions by Jean Paulhan
    and Maurice Blanchot. New York: Grove Press, 1965.

Marquis de Sade; Justine or the Misfortunes of Virtue.
    "Les Infortunes de la Vertu. " Translated by Helen
    Weaver. New York: Putnam's Sons (Capricorn Books),
    1966.

Selected Letters of the Marquis de Sade. Translated by

W. J. Strachan. New York: October House, 1966.

The Complete Marquis de Sade. Translated by Paul J.
    Gilette. 2 volumes. Los Angeles: Holloway, 1966.

The 120 Days of Sodom. N. Hollywood: Brandon, 1967.

The Crimes of Love. Three Novellas. "Les Crimes de
    l'Amour. " Translated by Lowell Blair. New York:
    Bantam Books, 1967.

Juliette. Translated by Austryn Wainhouse. New York:
    Grove Press, 1968.

Eugenie de Franval, and Other Stories. Translated by
    Margaret Grosland. London: Panther, 1969.

FLEMISH

Gesprek Tussen een Priester en een stervende, en andere
    teksen. Translated by Herwig Leus. Brugge: De
    Galge, 1965.

Juliette. "L'Histoire de Juliette. " Translated by René
    Gysen, C. C. Krijgelmans, et al. 3 volumes. Antwerp:
    W. Soethoudt, 1966.

De 120 Dagen Van Sodom "Les 120 Jours de Sodome. "
    Translated by Claude C. Krijgelmans. Antwerp:
    W. Soethoudt, 1968.

GERMAN

Justine und Juliette, oder die Gelfahren der Tugend und die
    Wonne des Lasters.... Leipzig: Carl Mind, 1874.

Im Namen der Republik (Flugschrift). "Aline et Valcour, ou
    le Roman Philosophique. " Translated by Joachim Klün-
    ner. Wiesbaden: Limes Verl. , 1961.

Briefe "Correspondances du Marquis de Sade. " Translated
    by Hilda Von Born-Pilsach. Düsseldorf: Ranch, 1962.

Das Missgeschick der Tugend.   "Les Infortunes de la Vertu."
    Translated by Katarina Hock. Hamburg: Merlin Verl.,
    1963.

Erzählungen und schwänke eines Provenzalischen Troubadours
    aus dem 18 Jahrundert. Translated by Gisela Ahrens
    and Katarina Hoch and Manfred Unruh. Hamburg:
    Berlin Verl., 1963.

Aline und Valcour oder der Philosophische Roman.   "Aline
    et Valcour ou Le Roman Philosophique." Translated by
    Hannelore Wichmann. Hamburg: Merlin Verl., 1963.

Verbrechen der liebe.   "Les Crimes de l'Amour." Trans-
    lated by Christian Barth. München: Kindler, 1964.

Die Kastanienblüte und andere Erzählungen.   "La Fleur du
    Châtaignier et d'autres contes." Translated by Christian
    Barth. München: Kindler, 1964.

Werke.   "Oeuvres." Translated by Gerd Henninger. Basel:
    Desch, 1965.

Justine.   Translated by Christian Barth. München: Kindler,
    1964.

D. A. F. Marquis de Sade: Briefe.   Translated by Hilda V.
    Born-Pilsach. Frankfurt/M and Hamburg: Fischer
    Bücherei, 1965.

Verbrechen der Liebe.   "Les Crimes de l'Amour." Trans-
    lated by Christian Barth. München: Kindler, 1967.

Justine oder Vom Missgeschick der Tugend.   "Les Infortunes
    de la Vertu." Translated by Walter Tritzsche. Frank-
    furt: Velstein, 1967.

Justine: Oder Das Ungluck der Tugend.   "Justine, ou Les
    Infortunes de la Vertu." Translated by Katarina Hock.
    Hamburg: Merlin, 1967.

Die Marquise de Gange.   "La Marquise de Gange." Trans-
    lated by Ludwig Man and Ute Srb. Hamburg: Merlin,
    1967.

Philosophie im Boudoir.   "La Philosophie dans le Boudoir."
    Translated by Barbara Ronge. München: Willing, 1967.

HEBREW

Mikhteve ha-Marquis de Sade. "Mémoires du Marquis de
Sade (abr.)." Translated by M. Margolin. Tel-Aviv:
Eros, 1964.

ITALIAN

Emilia de Tourville o la Crudeltà Fraterna. "L'Emile de
Tourville." Translated by Michele Rago, Oreste Del
Ruono, et al. Milano: Bompiani, 1951.

Storielle, Racconti e Racconti. "Historiettes, Contes, Fab-
leaux." Translated by Pino Bava. Milano: Veronelli,
1957.

Le Opere. "Oeuvres." Translated by Elémire Zolla,
Gianna Manzini, et al. Milano: Longanesi, 1961.

Opere Scelte. Edited by Gian Piero Brega and translated
by Pino Bava. Milano: Feltrinelli, 1962.

La Donna Ludica e Altri Racconti d'Amore. Translated
by Francis Cecosk. Firenze: Ediz. "Arno," 1963.

Storia Segreta d'Isabella di Baviera Regina di Francia.
"Histoire Secrète d'Isabelle de Bavière Reine de France."
Translated by Marisa Vassalle. Milano: Sugar, 1964.

I Criminali Dell'Amore. "Les Crimes de l'Amour." Translated by Giorgio Vorstein. Milano: Corno, 1966.

Historiettes. Translated by Gianni Frati. Milano: Corno,
1966.

Le Disgrazie Della Virtu. "Les Malheurs de la Vertu."
Translated by Giorgio Vorstein. Milano: Corno, 1966.

La Marchesa di Gange. "La Marquise de Gange." Translated by Nicoletta Dudan. 2 volumes. Milano: Corno,
1966.

La Marchesa di Gange. "La Marquise de Gange." Translated by Antonietta Cavalca. Milano: Sugar, 1966.

Il Signore di Fontanis.   Translated by Gianni Frati. Milano:
    Corno, 1966.

La Doppia Prova.   "Les Crimes de l'Amour." Translated
    by Giorgio Vorstein.   Milano: Corno, 1966.

Le Aventure della Virtù.   "Les Infortunes de la Vertu. "
    Translated by Emilo Carizzoni. Milano: Sugar, 1967.

Scritti Utopistici e Politici.   Translated by Luigi de Nardis.
    Milano: La Goliardica, 1967.

Novelle Amorose.   "Florville et Courval ou le Fatalisme,
    Augustine de Villebranche. " Translated by Vito Ro-
    maniello. Torino: Ed. dell'albero, 1967.

Opere Scelte.   "1. Etrennes Philosophiques.   2. Dialogue
    entre un. . . 3. Les 120 Journées. 4. Aline et Val-
    cour.   5. La Philosophie dans le Boudoir.   6. Histoire
    de Juliette. 7. Justine.   8. Les Crimes de l'Amour. "
    Translated by Pino Bava. Milano: Feltrinelli. 1967.

Le Disgrazie della Virtù.   "Les Infortunes de la Vertu. "
    Translated by Adriano Spatola.   Bologna: Sampietro
    1967.

Il Vizio e la Virtù Nell'Opera di D. A. F. de Sade.   "Justine
    ou les Malheurs de la Vertu, " and "Histoire de Juliette;
    ou les Prospérités du Vice. "   2 volumes. Milano:
    Nuova editn. Milanese, 1968.

I Crimini Dell'Amore.   "Les Crimes de l'Amour. " Trans-
    lated by Adriano Spatola and Marcella Sampietro.   2
    volumes. Bologna: Sampietro, 1968.

Le 120 Giornate di Sodoma.   "Les 120 Journées de Sodome."
    Rome: L'Arcadia, 1968.

Aline e Valcour Ovvero il Romanzo Filosofico.   Translated
    by Aurelio Valesi. Milan: Sugar, 1969.

                          JAPANESE

Julliet.   "Juliette. " Translated by Zen'ichiro Shimada.
    Tokyo: Murasaki Shobô, 1952.

Keibô Tetsugaku. "La Philosophie dans le Boudoir." Trans-
    lated by Hachirô Shiraishi. Tokyo: Murasaki Shobô,
    1952.

Koi No Kakehiki. "Les Crimes de l'Amour." Translated by
    Tatsuhiko Shibusawa. Tokyo: Kawade Shobô, 1955.

Justine. Translated by Tatsuhiko Shibusawa. Tokyo: Shôkô
    Shoin, 1956.

Keibô Tetsugaku Shô (... Senshu, 11). "La Philosophie dans
    le Boudoir et Trois Autres Ouvrages." Translated by
    Tatsuhiko Shibusawa. Tokyo: Shôkô Shoin, 1956.

Akutoku no Sakae. "Juliette ou les Prospérités du Vice."
    Translated by Tatsuhiko Shibusawa. 2 volumes. Tokyo:
    Gendai Shichô-shâ, 1959.

Hisan Mousgatari. "Eugénie de Franval." Translated by
    Tatsuhiko Shibusawa. Tokyo: Gendai Shichô-shâ, 1958.

Zoloe. "Zoloé et ses Deux Acolytes, etc...." Translated
    by Tatsuhiko Shibusawa. Tokyo: Shôkô Shoin, 1957.

Justine. (France bungaku zenshû, 3). "Les Infortunes de
    la Vertu." Translated by Tatsuhiko Shibusawa. Tokyo:
    Tôzai Gogatsu-sha, 1960.

Akutoku no Sakae. Translated by Tatsuhiko Shibusawa.
    Tokyo: Gendai Shichô-shâ, 1960.

Sodome no hyakunijû-nichi. "Les 120 Journées de Sodome."
    Translated by Masafumi Ôba. Tokyo: Shinryû-sha, 1962.

Keibô Tetsugaku (... Senshû, 3). "La Philosophie dans le
    Boudoir." Translated by Tatsuhiko Shibusawa. Tokyo:
    Tôgen-sha, 1962.

Bitoku no Fukô (... Senshû, 1). "Oeuvres: (1) Les Infor-
    tunes de la Vertu." Translated by Tatsuhiko Shibusawa.
    Tokyo: Tôgen-sha, 1962.

Koi no Tsumi (... Senshû, 4). "Les Crime de l'Amour."
    Translated by Tatsuhiko Shibusawa. Tokyo: Chôgen-sha,
    1963.

Shokujin-koku Ryokô-ki (... Senshû, 2). "Aline et Valcour."

Volume 2. Translated by Tatsuhiko Shibusawa. Tokyo:
Chôgen-sha, 1963.

Akutoku no Hae. Hisan Monogatari (... Senshû, 5). "Histoire de Juliette; Eugénie de Franval, Nouvelle Tragique. " Translated by Tatsuhiko Shibusawa. Tokyo:
Tôgen-sha, 1964.

Akutoku no Hae (Zoku); Juliet no Henreki. "Histoire de
Juliette. " Translated by Tatsuhiko Shibusawa. Tokyo:
Gendai Shisôsha, 1964.

Akutoku no Sakae (Shin Sade Senshu, 2-3). "Histoire de
Juliette ou, Les Prospérités du Vice. " Translated by
Tatsuhiko Shibusawa. 2 Volumes. Tokyo: Tôgen-sha,
1965.

Shin Justine (Shin Sade Senshû, 1). "La Nouvelle Justine ou,
Les Malheurs de la Vertu. " Translated by Tatsuhiko
Shibusawa. Tokyo: Tôgen-sha, 1965.

Sodom no Hyaku Hatsuka. "Les 120 Journées de Sodome. "
Translated by Oba Masafumi. Tokyo: Shinryûsha, 1965.

Sodome Hyaku Nijunichi. Hisan Monogatorl. Zoloé to
Futari no Jijo. "Les 120 Journées de Sodome; Eugénie
de Franval, Zoloé et ses deux acolytes. " Translated by
Tatsuhiko Shibusawa. Tokyo: Tôgen-sha, 1966.

Shokujinkoku Ryokôki. "Aline et Valcour. " Translated by
Tatsuhiko Shibusawa. Tokyo: Tôgen-sha, 1966.

Koi no Tsumi. "Les Crimes de l'Amour; Historiettes,
Contes et Fabliaux. " Translated by Tatsuhiko Shibusawa.
Tokyo: Tôgen-sha, 1966.

Keibô Tetsugaku. "La Philosophie dans le Boudoir. " Translated by Tatsuhiko Shibusawa. Tokyo: Tôgen-sha, 1966.

Akutoku no Sakae. "Histoire de Juliette ou Les Prospérités
du Vice. " Translated by Tatsuhiko Shibusawa. 2
volumes. Tokyo: Kadodawa Shoten, 1966.

Justine; Bitoku no Fukô. "Justine. " Translated by Tatsuhiko Shibusawa. Tokyo: Tôgensha, 1969.

KOREAN

<u>Seong Cheonyeo-eui Yogmang.</u> Translated by Lee, Hyeon Il.
Seoul: Mun-u Chulpansa, 1966.

ROMANIAN

<u>Geschichte der Juliette. Oder der Women des Lasters, Vom
Marquis de Sade.</u> Eingeleitet durch eine biographie der
Verfassers. Bucarest: Cesarean, 1892.

SPANISH

<u>Sade; textos excogidos y precedidos por un ensayo El liber-
tino y la revolución.</u> By Jorge Gaitán Durán. Bogotá:
Ediciones Mito, 1960.

<u>Escritos Politicos.</u> "Ecrits Politiques." Montevideo: El
Timón, 1966.

<u>Historica Secreta de Isabel de Baviera, Reina de Francia.</u>
Translated by Angeles Santana. Barcelona: Taber, 1969.

SWEDISH

<u>Under Erotikens Gissel. Intima Bekännelser.</u> Translated by
T. V. Lundquist. Sweden, Solna: Mimsaföre, 1950.

<u>Eugénie. 15 Ar.</u> "La Philosophie dans le Boudoir." Trans-
lated by V. Alfvifore. Stockholm: Seelig, 1965.

<u>Markis de Sade.</u> Translated by Lars Bjurman. Stockholm:
Prisma; Solna: Seelig, 1969.

TURKISH

<u>Sade.</u> Türkçe Kilavuzu. Ankara: Türk Tarik Kurumu
Basimevi, 1960.

Aşkin Suçlari.   Translated by Cemal Lüraya Seber. Istanbul:
    Kutulmuş Matbaas, 1967.

4. STUDIES ON THE MARQUIS DE SADE

1. ANONYME. "Sur Justine." Affiches, annonces et avis divers ou Journal général de France, Paris: 1792.

2. ANONYME. "Article Sade." Le Tribunal d'Appollon ou Jugement en dernier ressort de tous les auteurs vivants; libelle infurieux, partial et diffamatoire, par une société de pygmées littéraires. Paris: Chez Marchand libraire. Palais--Egalité, galerie Neuve, No. 10, 1799.

3. ANONYME. "The enigmatic Marquis de Sade." Times literary supplement (London), 28 August 1953.

4. ANONYME. "Evil Man--a portrait of the Marquis de Sade." Time, Vol. 68, December 31, 1956. pp. 22-23.

5. ANONYME. "Sade." Lexique succint de l'érotisme dans La Boîte Alerte, Paris: Le Terrain Vague, 1959.

6. ANONYME. "A name to conjure with." The Times (London), 14 December 1961.

7. ANONYME. "Sur Sade." Studi Francesi, 7 September 1963.

8. ANONYME. "Wicked Mister Six--A Portrait of the Marquis de Sade." Time, Vol. 87, March 4, 1966. pp. 108+.

9. AGULHON, M. "Le colloque sur le Marquis de Sade à la Faculté des Lettres D'Aix-en-Provence, février 1966." Provence Historique, January-March 1966. pp. 109-111.

10. ALMÉRAS, HENRI DE and ESTRÉE, PAUL DE. Les Théâtres libertins an XVIIIe siècle. Paris: Daragon, 1905.

11. ALMÉRAS, HENRI DE. Le marquis de Sade, l'homme et l'écrivain, d'après des documents inédits, avec

une bibliographie de ses oeuvres. Paris: A. Michel, 1906.

12. AMER, HENRY. "Sur le marquis de Sade." Nouvelle Revue française, November 1958.

13. AMIAUX, MARK. La vie éffrénée du marquis de Sade. Paris: Editions de France, 1936.

14. ANDRIES, MARC. "De Sade van de galg gehaald." Nieuwe Stem (De), Vol. 20, 1965. pp. 702-704.

15. APOLLINAIRE, GUILLAUME. Introduction, essai bibliographique, notes. L'Oeuvre du marquis de Sade. Paris: Bibliothèque des curieux (Collection "Les Maîtres de l'Amour"), 1909.

16. _____; FLEURET, FERNAND; and PERCEAU, LOUIS. "Biblioiconographie des oeuvres de Sade et jugements sur lui et son oeuvre." L'Enfer de la Bibliothèque nationale. Paris: Mercure de France, 1913.

17. _____. "Le Marquis de Sade." Les Diables amoureux. Paris: Gallimard, 1964.

18. ARLAND, M. "Le Marquis de Sade, notre prochain." Gavroche, 22 Mai 1947.

19. ARMAND, E. "Interdit à tous les âges." Défense de l'homme, No. 105, Juillet 1957.

20. ASSÉZAT. "Sur Justine." L'Intermédiaire des chercheurs et des curieux. Paris: 1874. pp. 516-518.

21. ASTORG, BERTRAND. "Sade." In Introduction au monde de la Terreur. Paris: Editions du Seuil, 1945.

22. ASTRUC, P. "Maurice Heine et le marquis de Sade." Progrès médical, No. 12, 24 Juin 1950.

23. AULAGNE, LOUIS-JEAN. "Sade ou l'apologétique à l'enters." Psyché, Vol. 25, 1948. pp. 1245-1264.

24. AURY, DOMINIQUE. Preface to Historiettes, Contes et Fabliaux. In Oeuvres complètes de Sade.

Tome VIII.   Paris: J. J. Pauvert, 1967.

25. BACCOLO, LUIGI. "Rileggendo Sade. " Ponte, Vol.
     21, 1965. pp. 828-833.

26. _____. "Le lettere del detenuto Sade. " Tempo
     Presente, March-April 1968. pp. 61-67.

27. _____. "Sade e la Rivoluzione. " Tempo Pre-
     sente, June 1968. pp. 21-30.

28. _____. "Un turista di nome Sade. " Nuova An-
     tologia, Vol. 506, 1969. pp. 245-254.

29. BACHAUMONT. "Affaire de Marseilles. " In Mémoires
     secrets pour servir à l'histoire de la république des
     lettres en France depuis 1762 jusqu'à nos jours ou
     Journal d'un observateur. Londres: Chez John
     Adamson, 1777.

30. _____. "Affaire de Marseille. " In Mémoires
     secrets... édités et continués par Pidanzat de
     Mairobert et Moufle d'Argenville, revus et publiés
     avec des notes par P. L. Jacob, bibliophile. Paris:
     Adolphe Delahaye libraire, 1859.

31. BALKIS. Preface to Pages curieuses du marquis de
     Sade. Paris: Editions de la Grille (Collection
     "Les Bibliophiles libertins"), 1926.

32. BARTHES, ROLAND. "L'arbre du crime. " Tel Quel,
     Vol. 28, 1967, pp. 23-37.

33. _____. "Der Baum des Verbrechens. Reflixionen
     über das Werk Sade. " Translated by Helmut
     Scheffel. Neve Rundschau, Vol. 80, 1969. pp. 32-
     49.

34. BATAILLE, GEORGES. "Le secret de Sade. "
     Critique, Vol. 15-16, 1947, pp. 147-160; Vol. 17,
     1947, pp. 303-312.

35. _____. Sade et la morale. Grenoble: Editions
     Arthaud, 1948.

36. _____. Preface to Justine ou Les Malheurs de
     la vertu. Paris: Les Presses du livre français

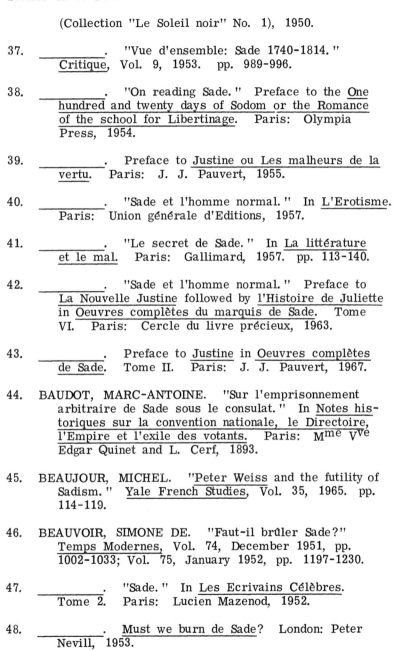

(Collection "Le Soleil noir" No. 1), 1950.

37. _____. "Vue d'ensemble: Sade 1740-1814. "
Critique, Vol. 9, 1953. pp. 989-996.

38. _____. "On reading Sade. " Preface to the One
hundred and twenty days of Sodom or the Romance
of the school for Libertinage. Paris: Olympia
Press, 1954.

39. _____. Preface to Justine ou Les malheurs de la
vertu. Paris: J. J. Pauvert, 1955.

40. _____. "Sade et l'homme normal. " In L'Erotisme.
Paris: Union générale d'Editions, 1957.

41. _____. "Le secret de Sade. " In La littérature
et le mal. Paris: Gallimard, 1957. pp. 113-140.

42. _____. "Sade et l'homme normal. " Preface to
La Nouvelle Justine followed by l'Histoire de Juliette
in Oeuvres complètes du marquis de Sade. Tome
VI. Paris: Cercle du livre précieux, 1963.

43. _____. Preface to Justine in Oeuvres complètes
de Sade. Tome II. Paris: J. J. Pauvert, 1967.

44. BAUDOT, MARC-ANTOINE. "Sur l'emprisonnement
arbitraire de Sade sous le consulat. " In Notes historiques sur la convention nationale, le Directoire,
l'Empire et l'exile des votants. Paris: Mme Vve
Edgar Quinet and L. Cerf, 1893.

45. BEAUJOUR, MICHEL. "Peter Weiss and the futility of
Sadism. " Yale French Studies, Vol. 35, 1965. pp.
114-119.

46. BEAUVOIR, SIMONE DE. "Faut-il brûler Sade?"
Temps Modernes, Vol. 74, December 1951, pp.
1002-1033; Vol. 75, January 1952, pp. 1197-1230.

47. _____. "Sade. " In Les Ecrivains Célèbres.
Tome 2. Paris: Lucien Mazenod, 1952.

48. _____. Must we burn de Sade? London: Peter
Nevill, 1953.

49. _____. "Must we burn de Sade?" Preface to
    Textes choisis, New York: Grove Press (Evergreen
    Series, No. 6), 1954.

50. _____. "Faut-il brûler Sade?" In Privilèges.
    Paris: Gallimard, 1955.

51. _____. The Marquis de Sade. Translated by
    Paul Dinnage. London: John Calder, 1965.

52. BÉGIS, ALFRED. Le Registre d'écrou de la Bastille
    de 1782 à 1789. Paris: imprimerie de G. Chame-
    rot, 1880.

53. _____. "Notes de police." Nouvelle Revue
    (Paris), November and December 1880. pp. 528.

54. _____. "Répertoire du château de la Bastille."
    La Nouvelle Revue (Paris). November and Decem-
    ber 1882.

55. BELAVAL, YVON. "Sade le tragique." Cahiers Du Sud,
    Vol. 285, 1947. pp. 721-724.

56. BÉLIARD, OCTAVE (DR.) Le marquis de Sade, Paris:
    Edition du Laurier (collection: Les vies en marge),
    1928.

57. _____. "Pour le marquis de Sade." Revue du
    Médecin, Mai 1930.

58. BERMAN, LORNA. "The Marquis de Sade and His
    Critics." Mosaic, Vol. 1, 1968. pp. 57-73.

59. _____. "The Marquis de Sade and Religion."
    Revue De L'Université d'Ottawa. Vol. 39, 1969.
    pp. 627-640.

60. BERNHARD WOLF, OSKAR LUDWIG. See Wolf, Oskar
    Ludwig Bernhard.

61. BESSMERTNY, ALEXANDER. Der Marquis de Sade.
    Berlin: Querschnitt, 1925.

62. BEY, A. "Sur les dernières années du marquis de
    Sade." Le Temps, No. 4, Janvier 1912.

63. BIEF, ANDRÉ DU. "Sade, héraut inattendu de la Révolution." Revue Nationale, Vol. 38, 1966. pp. 149-151.

64. BILLIOUD, EDOUARD. "Le Fort l'Ecluse au temps où le Marquis de Sade en était gouverneur." Visages De L'Ain, September-October 1968. pp. 29-31.

65. BIOU, JEAN. "D. A. F. de Sade: Lettre à Mlle. de Rousset (12 Mai 1779)." Lettres Nouvelles, Mars-Avril 1967. pp. 55-67.

66. _____. "Deux oeuvres complémentaires: Les Liaisons Dangereuses et Juliette." Colloques d'Aix-en-Provence sur Sade, 19 and 20 Février 1968. pp. 103-114. Paris: Colin, 1968.

67. BLANCHOT, MAURICE. "Quelques remarques sur Sade." Critique, Vol. 3-4, 1946. pp. 230-249.

68. _____. "A la rencontre de Sade." Temps Modernes, Vol. 25, Octobre 1947. pp. 577-612.

69. _____. Lautréamont et Sade. Avec le texte integral des "chants de Maldoror." Paris: Editions de Minuit, 1949/1963; Paris: Union générale d'éditions, 1967.

70. _____. "Essai sur Sade." Postface à Choix d'oeuvres. Paris: Club Français du livre, 1953.

71. _____. "Sade." Preface to La Nouvelle Justine followed by l'Histoire de Juliette, in Oeuvres complètes du marquis de Sade. Tome VI. Paris: Cercle du Livre Précieux, 1963.

72. _____. "Français, encore un effort." Nouvelle Nouvelle Revue Française, Vol. 26, 1965. pp. 600-618.

73. _____. "L'Inconvenance majeure." Preface to Français encore un effort pour être républicains. Extracts from La Philosophie dans le boudoir. Paris: J. J. Pauvert, 1965.

74. _____. Preface to Ecrits politiques, in Oeuvres

complètes de Sade.   Tome IX.   Paris: J. J.
Pauvert, 1967.

75. _____.   "L'experience-limite.   L'insurrection la
folie d'écrire, " in L'Entretien Infini.   pp. 323-342.
Paris: Gallimard, 1969.

76. BLOCK, IWAN (PSEUD. EUGEN DÜHREN).   Der Mar-
quis de Sade und seine Zeit.   Ein Beitrag zur
Kultur-und Sittengeschichte des XVIII Jahrhunderts.
Berlin: Barsdorf, 1900; Hanau: Schuster, 1970.

77. _____.   Foreword to Cent Vingt Journées de
Sodome.   Paris: Club des Bibliophiles, 1904; Berlin: Max Harrwitz, 1904.

78. _____.   "Neue Forschungen über den Marquis de
Sade und seine Zeite mit besonderer Berücksichtung
der Sexual-philosophie de Sade's auf Grund des
Neueendeckten original-manuskriptes seines Haupt-
werkes. " In Die Ein Hundert und Zwanzig tage von
Sodom.   Berlin: Harrwitz, 1904.

79. _____.   Marquis de Sade; the man and his age
(translated from German).   Newark, New Jersey:
Julian Press, 1931.

80. _____.   Marquis de Sade's One Hundred and
Twenty days of Sodom and the sex life of the French
age of debauchery.   Translated by Raymond Sabatier.
New York: Falstaff Press, 1934.

81. _____.   Le marquis de Sade et son temps. Etudes
relatives à l'histoire de la civilisation et des moeurs
du XVIIIe siècle.   (Translated from the German) by
Dr. A. Weber-Riga and with a preface by O.
Uzanne. Paris: Michalon, 1901; Berlin: H. Barsdorf, 1901.

82. BONMARIAGE, SYLVAIN.   La Seconde Vie du marquis
de Sade.   Lille: imprimerie du Mercure de France,
1928.

83. BONNEAU, ALCIDE.   "Analyse de Justine et Juliette."
La Curiosité littéraire et bibliographique, (Paris)
1re--3e series, 1882.

84. _____. Preface to Justine ou Les Malheurs de la
    vertu. Paris: Isidore Liseux, 1884.

85. BONNEFOY, YVES. "Gilbert Lély ou le réalisme
    poétique." Critique, Vol. 132, Mai 1958.

86. _____. "La Cent Vingt et Unième Journée."
    Postface to Vie du marquis de Sade par Gilbert
    Lély in Oeuvres complètes du marquis de Sade.
    Tome II. Paris: Cercle du livre précieux, 1962.

87. BOUËR, ANDRÉ. "Mystère et lumière de Lacoste;
    laboratoire du sadisme." Correspondances, Vol. 4,
    1956/1957. pp. 60-67.

88. _____. "Le marquis de Sade et le théâtre."
    Reflets Méditerranéens, April-May 1958. pp. 24-26.

89. _____. "Lacoste, laboratoire du Sadisme."
    Colloque d'Aix-en-Provence sur Sade, 19 and 20
    Février, 1966. Paris: Colin, 1968. pp. 15-21.

90. BOURBON BUSSET, JACQUES DE. "La négation."
    Table Ronde, Vol. 182, 1963. pp. 109-112.

91. BOURDE, ANDRÉ J. "Sade, Aix et Marseille. Un
    autre Sade." Colloque d'Aix-en-Provence Sur Sade,
    19 et 20 Février 1966. Paris: Colin, 1968.
    pp. 59-71.

92. BOURDIN, PAUL. Introduction to Correspondance
    inédite du marquis de Sade, de ses proches et de
    ses familiers. Paris: Librairie de France, 1929;
    Geneva: Slatkine reprints, 1970.

93. BOUVEL, EMILE. "Les trois châteaux du marquis de
    Sade." Revue du Touring Club de France, Juin 1956.

94. BREGA, GIAN PIETRO. Introduzione elle Opere Scette.
    Milan: Feltrinelli, 1962.

95. _____. "L'anticipazione del teatro di Sade."
    Sipario, June 1965. pp. 2-4.

96. BRENNER, JACQUES. "Sur Le Marquis de Sade de
    M. Heine." Paris-Normandie, 6 Juin 1950.

97.   BRETON, ANDRÉ.   "D. A. F. de Sade," in Anthologie
      de l'humour noir.   Paris: Editions du Sagittaire,
      1939; Paris: J. J. Pauvert, 1966.

98.   BRIERRE DE BOISMONT, ALEXANDRE (DR).   "Affaire
      Keller," in "Remarques médico-légales sur les
      perversions de l'instinct génésique."   Gazette médi-
      cale de Paris, Vol. 29, 2 Juillet 1849.   pp. 559-
      560.

99.   BROCHIER, JEAN-JACQUES.   "Sade et le langage,"
      in Oeuvres complètes du Marquis de Sade.   Tome
      XV.   Paris: Cercle du livre précieux, 1964.

100.   _____ .   "Le langage et la démesure: le poète."
      Gazette de Lausanne, No. 30, 6 Février 1965. p. 18.

101.   _____ .   Sade.   Paris: Editions Universitaires
      (Classiques du xxᵉ siècle), 1966.

102.   _____ .   Le marquis de Sade et la conquête de
      l'unique.   Paris: Le Terrain Vague, 1966; Losfeld,
      1967.

103.   _____ .   "La circularité de l'espace."   Colloque
      d'Aix-en-Provence sur Sade, 19 and 20 Février,
      1966.   pp. 171-188.   Paris: Colin, 1968.

104.   _____ .   "Sur deux éditions de Sade (Cercle du
      livre précieux and J. J. Pauvert)."   Le Magazine
      Littéraire, No. 6, April 1967, p. 21.

105.   _____ .   "Sade un prisonnier exemplaire."   Maga-
      zine Littéraire, No. 21, 1968.   pp. 34-37.

106.   BROUSSON, JEAN-JACQUES.   "La Nuit du marquis de
      Sade,"   in Les nuits sans culotte.   Paris: Flam-
      marion, 1930.

107.   _____ .   "Le Dossier Sade."   Nouvelles lit-
      téraires, No. 1ᵉʳ, Mars 1930.

108.   BRUNET, PIERRE GUSTAVE.   "Zoloé et ses deux
      acolyte," in Fantaisies Bibliographiques.   Paris:
      J. Gay, 1864.   pp. 63-68.

109.   _____ .   Le marquis de Sade l'homme et ses

écrits, Sadopolis chez Justin Valcourt à l'enseigne de la "Vertu Malheureuse" l'an ooo. (Contains as an appendix, Le Discours prononcé à la Section des Piques). Bruxelles: J. Gay, 1866.

110. _____. "Sade," in Les Fous littéraires. Bruxelles: Gay et Doucé, 1880.

111. BURY, R. DE. "Sur le séjour de Sade à Charenton." Mercure de France, Vol. XCV, 1er Février 1912, pp. 634-638.

112. CABANÈS, AUGUSTE (DR). "Sur Sade." Chronique médicale, 15 Décembre 1902.

113. _____. "La folie prétendue du divin marquis de Sade," in Le cabinet secret de l'histoire. Vol. IV. Paris: Michel, 1905.

114. CAIN, JACQUES. "Le fantasme sadique et la réalité." Colloque d'Aix-en-Provence sur Sade, 19 and 20 Février 1966. Paris: Colin, 1968. pp. 279-288.

115. CAMUS, ALBERT. "La négation absolue," in L'homme révolté. Paris: Gallimard, 1951. pp. 54-67.

116. CARADEC, FRANÇOIS. Notes for Dialogue entre un prêtre et un moribond. Paris: Les Presses Littéraires de France, 1949.

117. CARROUGES, MICHEL. "Vers le secret de Sade." Monde nouveau-Paru, Vol. 72, Octobre 1953. pp. 70-78.

118. CARTERET, J. G. Introduction to Monsieur Nicolas by Restif de la Bretonne. Paris: Michaud, n. d.

119. CASSOU, JEAN. "Sur la poèsie de Sade," in "Poèsie", Nouvelles Littéraires, 22 Août 1930.

120. CERRUTI, GIORGIO. "Il marchese di Sade. La sua recente fortuna e gli ultimi studi critici (1958-1968)." Studi Francesi, (Torino), Vol. 13, 1969. pp. 420-441.

121. CHAPSAL, MADELEINE. "Tout Sade est amour."
     L'Express, 24-30 Janvier 1966.

122. CHAR, RENÉ. "Sade, l'amour enfin sauvé," in Le
     Marteau sans maître. Paris: Editions Surréalistes,
     1934.

123. CHARPENTIER. Restif de la Bretonne (Thesis).
     Bordeaux; 1912.

124. CHAUMELY, JEAN. "Présentation d'un poème in-
     connu du marquis de Sade suivi d'une lettre de Mme
     Sade." Les lettres nouvelles, Avril 1953. pp. 193-
     204.

125. CHEVÉ, ÉMILE. "Le Fauve (poème apologétique),"
     in Virilités. Paris: A. Lemerre, 1883.

126. CLEUGH, JAMES. The marquis and the chevalier:
     A study in the psychology of sex as illustrated by
     the lives and personalities of the Marquis de Sade
     and the Chevalier von Sacher-Masoch. New York:
     Duell Sloan and Pearce, 1952.

127. CLOUARD, HENRI. "Le siècle sadique." Table
     Ronde, Mars 1953.

128. COHEN, HENRY. "Biblio-iconographie des oeuvres
     de Sade," in Guide de l'amateur de livres à
     gravures du XVIIIe siècle. Paris: P. Rouquette,
     1886.

129. COLINS, HIPPOLYTE DE. "Notice sur l'hospice de
     Charenton," in Journal inédit. Deux cahiers re-
     trouvés du Journal inédit du Marquis de Sade (1807-
     1808, 1814). Paris: Gallimard, 1970.

130. CONNOLLY, CYRIL. "The Original Sadist." Sunday
     Times (London), 19 February 1961.

131. COREY, LEWIS. "Marquis de Sade--the Cult of
     Despotism." Antioch Review, Vol. 26, 1966. pp.
     17-31.

132. COULET, HENRI. "La vie intérieure dans Justine."
     Colloque d'Aix-en-Provence sur Sade, 19 and 20
     Février 1966. Paris: Colin, 1968. pp. 85-101.

133. COULMIER. "Lettre du 23 Mai 1810, écrite à Madame Cochelet du directeur Coulmier sur les spectacles par Sade à Charenton." Revue Anecdotique, Vol. X, 1860. pp. 101-106.

134. CROCKER, LESTER G. "Sade and the Fleurs du mal," in his Nature and culture; ethical thought in the French Enlightenment. Baltimore: Johns Hopkins Press, 1963. pp. 398-429.

135. CROSLAND, MARGARET. Introduction to Selected letters. London: Peter Owen, 1965.

136. DABADIE, MAÏTÉ. "Le Colloque Sade (19-20 Février 1966, à Aix-en-Provence)." Le Cerf Volant, Vol. 54, 2e trim. 1966. pp. 58-60.

137. DAIX, PIERRE. "De Sade à Gayotat ou les conditions de l'intelligibilité," Nouvelle Revue Française, 28 Octobre 1970. pp. 3-4.

138. DALMAS, ANDRÉ. "Sur la vie du marquis de Sade par G. Lély." Tribune des Nations, 2 Janvier 1953.

139. DAMISCH, HUBERT. "L'écriture sans mesures." Tel Quel, Vol. 28, 1967. pp. 51-65.

140. _____. "L'Ecriture sans mesures," in Oeuvres complètes du marquis de Sade. Tome XV. (same article as in Tel Quel) Paris: Cercle du livre précieux, 1967. pp. 535-558.

141. DAUMAS, GEORGES. "Sur la vie du Marquis de Sade, par G. Lély." Revue des sciences humaines, Juin 1953.

142. _____. Editing and notes, Monsieur le 6. Lettres inédites 1778-1784. Paris: Julliard Sequana (collection: Les Lettres nouvelles), 1954.

143. _____. Preface to Journal inédit. Deux cahiers retrouvés du journal inédit du marquis de Sade 1807, 1808, 1814. Paris: Gallimard (collections-Idées), 1970.

144. DAWES, C. R. The marquis de Sade, his life and works. London: R. Holden, 1927.

145. DEFFAND, Mme DU. "Sur l'affaire Keller," in
     Lettres à Horace Walpole, écrites dans les années
     1766 à 1780, publiées d'après les originaux par
     Artaud. Paris: Treuttel et Würtz, 1812.

146. DELPECH, JEANINE. La passion de la marquise de
     Sade. Paris: Editions Planète, 1970.

147. DEPRUN, JEAN. "Sade et la philosophie biologique
     de son temps." Colloque d'Aix-en-Provence sur
     Sade, 19 and 20 Février 1966. Paris: Colin, 1968.
     pp. 189-205.

148. _____. "Sade et le rationalisme des lumières."
     Raison Présente, No. 3, Mai-Juillet 1968. pp. 75-
     90.

149. DESBORDES, JEAN. Le vrai visage du marquis de
     Sade, d'après sa correspondance et les documents
     judiciares du temps augmentés de 60 lettres et
     pièces inédites. Paris: Editions de la Nouvelle
     revue critique, 1939.

150. DESMAZE, CHARLES. "Le procès-verbal de l'affaire
     Keller," in Le Châtelet de Paris. Paris: Didier,
     1863.

151. DESNOS, ROBERT. "Sade," in De l'érotisme con-
     sidéré dans ses manifestations écrites et du point
     de vue de l'esprit moderne. Paris: 1952 (?).

152. DIDIER, BÉATRICE. Annotated and edited Les infor-
     tunes de la vertu. Preface Jean Paulhan. Paris:
     Hachette (Le Livre de poche), 1970.

153. _____. "Sade dramaturge de ses 'cerceri'."
     Nouvelle Revue Française, Vol. 36, Decembre 1970.
     pp. 72-86.

154. DOYON, RENÉ-LOUIS. Du marquis de Sade à Barbey
     d'Aurevilly. Paris: La Connaissance, 1921.

155. DRUJON, FERNAND. "Sur Justine," in Catalogue des
     ouvrages poursuivis depuis le 21 octobre 1814
     jusqu'au 31 juillet 1877. Paris: Edouard Rouveyre,
     1879.

156. DRUMMOND, WALTER. Philosopher of evil. Evanston: Regency Books, 1962.

157. DUCHET, CLAUDE. "L'image de Sade à l'époque romantique." Colloque d'Aix-en-Provence sur Sade, 19 and 20 Février 1966. Paris: Colin, 1968. pp. 219-240.

158. DUCLOUX, LÉOPOLD. "Sade, ambiguités d'une apothéose." La Nouvelle Critique, Vol. 181, 1966/1967. pp. 57-76.

159. DÜHREN, EUGEN DR. see BLOCH, IWAN.

160. DULAURE, JACQUES A. "Biographie de Sade," in Collection de la liste des ci-devant ducs, marquis, comtes, barons, etc... Paris: de l'imprimerie des ci-devant nobles, l'an second de la liberté. Barnery, 1790.

161. _____. "Jugement sur Sade," in Histoire physique, civile, et morale de Paris. Tome VI. Paris: Guillaume, 1821.

162. DUPRÉ, GILBERT. "Le marquis de Sade." Oeuvres Libres, No. 136, 1957. pp. 27-76.

163. DURÁN, MANUEL. "Del Marqués de Sade a Valle--Inclán." Asomante, Vol. X, 1954. pp. 40-47.

164. EAUBONNE FRANÇOISE D' (pseud. of MARTINE OKAPI). "Sade ou l'éros-vengeance," in her Eros noir. Paris: Le terrain vague, 1962. pp. 145-233.

165. _____. "Sade ou l'horrible travailleur," in Les écrivains en cage. Paris: André Balland, 1970. pp. 67-89.

166. ELUARD, PAUL. "Sur Sade," in L'Evidence poétique. Donner à voir. Paris: Editions de la Nouvelle Revue française, 1939.

167. ENDORE, S. GUY. Satan's Saint. New York: Crown, 1965.

168. ENGLISCH, PAUL. "Remarques sur Sade," in Histoire de l'érotisme en France. Paris: Editions

internationales François Aldor, 1933.

169. EPTING, KARL. "Neo-Sadimus." Zeitwende, Vol.
    39, 1968. pp. 542-547.

170. ERSCH, J. S. "Sur Sade," in La France littéraire.
    Tome III. Hambourg: 1798.

171. ESQUIROL, JEAN-ETIENNE (DR). "Sur le théâtre de
    Sade à Charenton," in Des maladies mentales con-
    sidérées sous les rapports medicaux, hygiénique et
    médico-légal. 2 volumes. Paris: J. B. Baillères,
    1838.

172. ESTRÉES, PAUL D'. "Sade et la Police." Revue
    des revues (Paris), No. 1er Juillet 1900. pp. 32-33.

173. ÉTIEMBLE, RENÉ. "Prosateurs du XVIIIe siècle."
    In Histoires des littératures. 3 volumes. Paris:
    Gallimard, 1958.

174. EULENBURG, ALBERT (DR). "Sur Sade et le
    sadisme," in Sexuale Neuropathie, genitale Neurosen
    und Neuropsychasen der Manner und Frauen. Leip-
    zig: F. C. W. Vogel, 1895.

175. _____. "Der Marquis de Sade." Zukunft (Ber-
    lin), 7e année, No. 26, 25 Mars 1899. pp. 497-515.

176. FABRE, JEAN. Preface to Aline et Valcour, in
    Oeuvres complètes du marquis de Sade. Tome IV.
    Paris: Cercle du livre précieux, 1962.

177. _____. Preface to Crimes de l'amour, in
    Oeuvres complètes du marquis de Sade. Paris:
    Cercle du livre précieux, 1964.

178. _____. "Sade et le roman noir" Colloque d'Aix-
    en-Provence sur Sade, 19 and 20 Février 1966.
    Paris: Colin, 1968. pp. 253-278.

179. FABRE, PAUL. Sade utopiste. Paris: Presses Uni-
    versitaires de France, 1967.

180. FALLIA, ALFREDO. "Lo spirito piu libero del mani-
    comio di Charenton." Giornale di Sicilia, 26 Mai
    1961.

181. FAURE, MAURICE. "Compte rendu d'ouvrages sur Sade." Gavroche, 1948.

182. FAVRE, PIERRE. Sade utopiste: Sexualité pouvoir et état dans le roman Aline et Valcour. Preface by J. de Soto. Paris: Presses universitaires de France, 1967.

183. FAYE, JEAN-PIERRE. "Au secours de Sade." Esprit; Revue Internationale, Vol. 29, 1961. pp. 623-626.

184. FEDIDA, PIERRE. "Un érotisme de tête," in Oeuvres complètes du marquis de Sade. Tome XV. Paris: Cercle du Livre preciéux, 1967. pp. 613-625.

185. FÉLY, PASCAL. Les Princesses de Cythère. Paris: Jean Fort, n. d.

186. FEUILLADE, LUCIEN. "Lettre à M. de Lacretelle à propos de son article du Figaro littéraire." Les Lettres nouvelles, Octobre 1962.

187. FIEDLER, LESLIE. "Prototypes and early adaptations." In Love and death in the American novel. New York: Criterion, 1960. pp. 106-124.

188. FINAS, LUCETTE. "Sade, théoricien du roman." Action (L'), Novembre 1965.

189. _____. "Voyage d'Italie par le marquis de Sade." Les Lettres Nouvelles, Novembre-Décembre 1968. pp. 171-175.

190. FLAKE, OTTO. Marquis de Sade. Mit einem Anhang über Réstif de La Bretonne. Berlin: S. Fisher, 1930.

191. _____. The marquis de Sade with a postcript on Restif de la Bretonne (translated from the German by Edward Crankshaw). London: Davies, 1931.

192. _____. Le marquis de Sade (translated from the German by Pierre Klossowski). Paris: Bernard Grasset, 1933.

193.   FLAM, L.   "Sade, " in "Het Satanisme, " Nieuw
        Vlaams Tijdschrift, Vol. 11, 195-197. pp. 1076-
        1088.

194.   FLEISCHMANN, WOLFGANG B.   "The divine marquis
        under the shadow of Lucretius. " Romance Notes,
        Vol. 4, 1962/1963.   pp. 121-126.

195.   FLETCHER, JOHN.   "Sade and his progeny, " in New
        directions in literature. N. Y. Humanities Press, 1969.

196.   FLEURET, FERNAND   see APOLLINAIRE.

197.   FLORENCE, JEAN.   "Sade et la littérature. "   Vie
        intellectuelle, No. 15, Février 1911.

198.   FOWLER, ALBERT.   "The marquis de Sade in
        America. " Books Abroad, Vol. 31, 1957. pp. 353-
        356.

199.   _____.   "Rousseau and Sade: Freedom Unlimited."
        Southwest Review,   Vol. XLIII, 1958. pp. 205-211.

200.   FRANCE, ANATOLE.   "Notice, " in Sade, D. A. F.
        Dorci ou la bizarrerie.   Paris: Charavay frères,
        1881.

201.   FRAXI, PISANUS (pseud. of ASHBEE, H. SPENCER).
        "Notes sur Sade et ses ouvrages, " in Index librorum
        prohibitum, notes bio-biblio-iconographical and
        critical on curious and uncommon books.   London,
        printed for private circulation, 1877.   Facsimile
        reprints--London (1960), New York (1963 and 1964).

202.   GALEY, MATTHIEU.   Preface to La Philosophie dans
        le boudoir, in Oeuvres complètes de Sade.   Tome
        IV.   Paris: Cercle du livre précieux, 1967.

203.   _____.   "Le mythe Sadien. " Revue de Paris,
        Vol. 75, 1968. pp. 112-121.

204.   GALLEZ, ALFRED.   "Sade. " Le Peuple (Bruxelles),
        28 Juin 1966.

205.   GARÇON, MAURICE (Me).   "Plaidoirie pour le mar-
        quis de Sade. " L'Express, 18 Janvier 1957.

206. GAUDON, JEAN. "Lamartine lecteur de Sade."
     Mercure de France, Vol. 343, 1961. pp. 420-438.

207. GEAR, NORMAN. The divine demon; a portrait of
     the marquis de Sade. London: F. Muller, 1963.

208. _____. Sade, le divin démon. Translated into
     French by C. Houzeau. Paris: Bûchet-Chastel, 1964.

209. GEORGES, ANDRÉ. "Sade et le sadisme." Les
     Nouvelles littéraires. 27 Octobre 1955.

210. GÉRARD, W. "L'énigmatique marquis de Sade et sa
     décevante existence. Le chemin de Charenton."
     Aux Carrefours H., 1958. pp. 1236-1245.

211. GILLIBERT, JEAN. "Sade, sadiste, sadique-essai
     psychanalytique." Preface to Les 120 journées de
     Sodome, in Oeuvres completes du marquis de Sade.
     Tome XIII. Paris: Cercle du livre précieux, 1967.

212. GINISTY, PAUL. "Les lettres inédites de la marquise
     de Sade." Grande Revue, Vol. 3, January 1, 1899.
     pp. 1-31.

213. _____. "La marquise de Sade." Grande Revue,
     Vol. 3, 1900. pp. 128-147.

214. _____. La Marquise de Sade. Paris: Fasquelle,
     1901.

215. _____. "Le marquis de Sade était-il fou?" In-
     termédiaire, Vol. XLIX, 1901. pp. 263-266.

216. _____. La marquise de Sade. Un amour pla-
     tonique du marquis de Sade. Paris: Fasquelle, 1901.

217. GIRAUD, PIERRE. Histoire générale des prisons
     sous le règne de Buonaparte (sic). Paris: A.
     Eymery, 1914.

218. GIRAUD, RAYMOND. "The first Justine." Yale
     French Studies, Vol. 35, Decembre 1965. pp. 39/
     47.

219. GORER, GEOFFREY. The Marquis de Sade. New
     York: Liveright, 1934.

220. _____ . The life and ideas of the Marquis de
      Sade, 1. London: Peter Owen, 1953 (enlarged and
      revised edition of the 1934 edition). 2. New York:
      Norton, 1963. 3. London: Peter Owen, 1962.

221. _____ . "The marquis de Sade." Encounter:
      Literature, Arts, Politics, Vol. 18, April 1962.
      pp. 72-78.

222. GOULEMOT, JEAN-MARIE. "Divin marquis ou objet
      d'études?" Revue des Sciences Humaines, Vol. 124,
      1966. pp. 413-421.

223. _____ . "Le Marquis de Sade, ses pompes et
      ses oeuvres, selon Peter Weiss." La Pensée,
      Vol. 134, August 1967. pp. 104-114.

224. _____ . "Lecture politique d'Aline et Valcour.
      Remarques sur la signification politique des struc-
      tures romanesques et des personnages." Colloque
      d'Aix-en-Provence sur Sade, 19 and 20 Février 1966.
      Paris: Colin, 1968. pp. 115-139.

225. GOURMONT, RÉMY DE. "Sur le sadisme," in
      Promenades philosophiques. Paris: Mercure de
      France, 1908.

226. GUICHARNAUD, JACQUES. "The wreathed columns
      of St. Peter's." Yale French Studies, Vol. 35,
      December 1965. pp. 29-38.

227. GUILLEMAIN, BERNARD. "Sade était masochiste."
      Psyché, Vol. 83, Septembre 1953. pp. 1124-1129.

228. GUIRAL, PIERRE. "Un noble Provençal contemporain
      de Sade, le Marquis d'Antonelle." Colloque d'Aix-
      en-Provence sur Sade, 19 and 20 Février 1966.
      Paris: Colin, 1968. pp. 73-82.

229. GUY, BASIL. "Sur les traces du 'Divin Marquis'?"
      Studi Francesi (Torino), Vol. 14, 1970. pp. 63-71.

230. GYSEN, R. De slecht befaamde Sade. Amsterdam:
      Heynis, 1961.

231. HAAS, J. "Üher die Justine und die Juliette des
      Marquis de Sade." Zeitschrift für Französische

Sprache und Literatur. Vol. XXII, 1900. pp. 282-296.

232. HABERT, GABRIEL. "Le marquis de Sade, auteur politique." Revue Internationale Histoire Politique et Constitutionnelle. Vol. VIII, 1957. pp. 147-213.

233. HALLIER, J.-E. "Sadisme et souffrance." Table Ronde, August 1954. pp. 148-153.

234. HAMEL, REGINALD. Introduction to Oeuvres Complètes, Vol. 1: La Philosophie dans le boudoir. Montreal: Editions du Bélier (Collection Aries, 103), n. d.

235. HAMPSHIRE, STUART. "Absolute licence." The New Statesman, 26 January 1962.

236. _____. "Sade," in Modern Writers and other essays. London: Chatto and Windus, 1969. pp. 56-62.

237. _____. "The theatre of Sade," in Modern writers and other essays. London: Chatto and Windus, 1969. pp. 63-70.

238. HARDY, SIMÉON PROSPER. "Mes loisirs, ou journal d'un bourgeois de Paris de 1766 à 1790." Nouvelle Revue encyclopédique. Vol. IV, 1912. pp. 300-302.

239. HARET, GABRIEL. "Le Marquis de Sade, auteur politique." Revue internationale d'histoire politique et constitutionnelle, Juillet-Decembre 1957.

240. HASSAN, IHAB. "Sade: Prisoner of Consciousness." Tri-Quarterly, Vol. 15, 1969. pp. 23-41.

241. HAYN, HUGO. Bibliotheca erotica curiosa Monacensis. Berlin: Max Harrwitz, 1889.

242. HEINE, MAURICE. Preface to Sade, D. A. F. Dialogue entre un prêtre et un moribond. Paris: Stendhal et companie, 1926.

243. _____. Foreword to Historiettes, Contes, Fabliaux. Paris: Simon Kra, 1927.

244. _____. "Actualités de Sade I. (Lettre inédite du Marquis de Sade (à Martin Quiros), 4 Octobre 1779). " Le Surréalisme au service de la révolution. No. 2, Octobre 1930.

245. _____. "Note sur la Correspondance inédite du marquis de Sade. " Nouvelle Revue Française, Vol. 203, Août 1930. pp. 269-271.

246. _____. Preface to Infortunes de la vertu. Paris: Editions Fourcade, 1930.

247. _____. "Actualités de Sade II. (Pensée inédite de D. -A. -F. de Sade). " Le Surréalisme au service de la révolution. No. 3, Décembre 1931.

248. _____. Foreword to Cent-vingt journées de Sodome ou l'Ecole du libertinage. Paris: S. and C. aux dépens des bibliophiles souscripteurs, 1931.

249. _____. "Une thèse de doctorat sur le marquis de Sade. " Le Progrès médical, No. 2, 1932. pp. 9-13.

250. _____. "Dramaturgie de Sade. " Le Minotaure, No. 1, Février 1933.

251. _____. "Le marquis de Sade et le roman noir. " Nouvelle Revue Française, Vol. XLI, 1933. pp. 190-206. Paris: Gallimard, 1933.

252. _____. "L'affaire des bonbons cantharides du marquis de Sade. " Hippocrate, revue d'humanisme médical, Vol. 1, 1933. pp. 95-133.

253. _____. "Commentaire à seize notes pour la nouvelle Justine-- Actualités de Sade III. " Le Surréalisme au service de la révolution, No. 5, 15 Mai 1933. pp. 85-104.

254. _____. "Le marquis de Sade et Rose Keller, ou l'affaire d'Arcueil devant le parlement de Paris. " Annales de médecine légale, de criminologie et de police scientifique, Vol. 13, June, July 1933. pp. 309-366, 434-437.

255. _____. Avertissement (première version de

l'Idée sur les Romans) pp. LV-LXVI; sur Restif
de la Bretone (pp. LXXV-LXXVI); deux passages
d'Eugénie de Franval (pp. 150-154 and 209-210);
n'ayant pas figuré dans Les Crimes de l'Amour--
Oeuvres choisies et Pages magistrales du Marquis
de Sade. Published with commentary by M. Heine.
Paris: Editions du Trianon, 1933.

256.   . "Promenade à travers le roman noir."
Minotaure, Vol. 5, 1934. pp. 1-4.

257.   . "Le marquis de Sade et le roman noir."
Nouvelle revue française, Vol. 41, August 1, 1933.
pp. 190-206.

258.   . "Regards sur l'enfer anthropoclassique."
Le Minotaure, No. 8, 15 Juin 1936.

259.   . "Sade," in Tableau de la littérature
française, XVIIe et XVIIIe siècles. Paris: Editions
de la Nouvelle Revue française, 1939.

260.   . Le Marquis de Sade. Preface by Gilbert Lély. Paris: Gallimard, 1950.

261.   . "Sade," in Tableau de la littérature
française, 2 Volumes. Paris: Gallimard, 1962;
already published in 1939. pp. 369-372.

262.   . Preface to Cent Onze notes pour la
Nouvelle Justine. In Oeuvres complètes du marquis
de Sade. Tome VII. Paris: Cercle du livre précieux, 1963.

263.   . Preface to Justine ou Les Malheurs de
la vertu. In Oeuvres complètes du marquis de
Sade. Tome III. Paris: Cercle du livre précieux,
1963 and 1966.

264.   . Preface to Infortunes de la vertu. In
Oeuvres complètes du marquis de Sade. Tome
XIV. Paris: Cercle du livre précieux, 1963 and
1967.

265.   . Preface to Cent vingt journées de Sodome. In Oeuvres complètes du Marquis de Sade.
Tome XIII. Paris: Cercle du livre précieux, 1964
and 1967.

266. _____ . Preface to Dialogue entre un prêtre et
      un moribond. In Oeuvres complètes de Sade.
      Tome VII. Paris: J. J. Pauvert, 1967.

267. _____ . Preface to Dialogue entre un prêtre et
      un moribond. In Oeuvres complètes du marquis de
      Sade. Tome XIV. Paris: Cercle du livre précieux,
      1967.

268. HENRIOT, EMILE. "La Vraie figure du Marquis de
      Sade." Le Temps, 25 Février 1930.

269. _____ . "La Vraie figure du Marquis de Sade,"
      in Courrier littéraire du XVIIIe siècle. 2 Volumes.
      Paris: Michel, 1962; already published in 1930.
      pp. 308-314.

270. HENRY, CHARLES. La Vérité sur le marquis de
      Sade. Paris: E. Dentu, 1887.

271. HESNARD, ANDRÉ (DR.). "Rechercher le semblable,
      découvrir l'homme dans Sade." In Oeuvres com-
      plètes du Marquis de Sade. Tome III. Paris:
      Cercle du livre précieux, 1963 and 1966.

272. _____ . "Réflexions sexologique à propos des
      Cent vingt Journées." In Oeuvres complètes du
      Marquis de Sade. Tome XIII. Paris: Cercle du
      livre précieux, 1964 and 1967.

273. HOOD, ROBIN (Pseud.). "Le marquis de Sade, libre
      penseur et non conformiste." In E. Armand, H.
      Treni, R. Hood (all pseud.): Les utopistes et la
      question sexuelle. Paris: L'en-dehors, 1936.

274. HOOG, ARMAND. "Sade et Laclos." La Nef, Jan-
      uary 1946.

275. HULL, ALLAN. Introduction to Justine, London:
      Spearman Holland, 1964.

276. HUMBOURG, PIERRE. "Sade et Moi." Le Pro-
      vençal, 22 Novembre 1964.

277. HUXLEY, ALDOUS. "Note on Sade," in Ends and
      means, London: Chatto and Windus, 1937.

278. HYDE, MONTGOMERY H. "On Sade, " in A History of Pornography. New York: Farrar, Strauss and Giroux, 1965.

279. IUKER, BARRY. "Sexual perversion in 18th century English and French fiction" (Thesis: Indiana University). Dissertation Abstracts, No. 5, Vol. 29, 1968. pg. 1512-A.

280. J., O. "Sade le libertaire." Journal d'Israël, 21 Mars 1963.

281. JACOB, PAUL L. (PAUL LACROIX). "La Vérité sur les deux procès criminels du marquis de Sade." (Paris) La Revue de Paris, Vol. 38, 1837. pp. 135-144. Reprinted in Curiosités de l'Histoire de France: les Procès célèbres. Paris, 1858.

282. _____. Introduction à un Choix d'oeuvres du Marquis de Sade. Bruxelles: chez tous les libraires, 1870.

283. JACOBUS, X. Le marquis de Sade et son oeuvre devant la science médicale et la littérature moderne. Paris: Carrington, 1901.

284. JANIN, JULES. "Le Marquis de Sade." La Revue de Paris, Vol. XI, 1834. pp. 321-360.

285. _____. Le Marquis de Sade suivi de La Vérité sur les deux procès criminels du marquis de Sade, par le bibliophile Jacob. Paris: chez les marchands de nouveauté, 1834.

286. JANNOUD, CLAUDE. "L'Affaire Sade." La Vigie marocaine, 24 Mars 1957.

287. _____. "Un moment à la gloire du plus maudits des écrivains." La Vigie marocaine, 2 Février 1958.

288. _____. "Sade, reste un nom lourd à porter" (sur la publication du Voyage en Italie). Figaro Littéraire, Vol. 1145, 25 March 1968. pg. 24.

289. JAVELIER, ANDRÉ EUGÈNE-FRANÇOIS PAUL (DR.). Le marquis de Sade et les Cent vingt journées de

Sodome devant la psychologie et la médecine légale.
Thesis: Paris. Paris: Le François, 1937.

290. JEAN, MARCEL and MAZEI, ARPAD.   "Sade,
      l'homme.   Sade, le poète et le savant, " in Genèse
      de la pensée moderne.   Paris: Corrêa, 1950.

291. JEAN, RAYMOND.   "Sade et le surréalisme. "   Col-
      loque d'Aix-en-Provence sur Sade, 19 and 20
      Février 1966.   Paris: Colin, 1968. pp. 241-251.

292. JOGAND-PAGÈS, GABRIEL ANTOINE   see TAXIL,
      LÉO

293. JOTTERAND, FRANCK.   "Sade. "   Gazette de Laus-
      anne, 6 Février 1965. p. 17.

294. JUIN, HUBERT.   "Les torts de l'esprit, " in Les
      libertinages de la raison.   Paris: Belfond, 1968.
      pp. 211-246.

295. KEMP, ROBERT.   "Eros et Psyché. "   Les Nouvelles
      littéraires, 3 Septembre 1953.

296. KLOSSOWSKI, PIERRE.   "Elements d'une étude psy-
      chanalytique sur le Marquis de Sade. " Revue
      Française de Psychanalyse, Vol. 6, 1933. pp. 458-
      474.

297. _____.   "Le mal et la négation d'autrui dans la
      philosophie de D. A. F. Sade. "   Recherches Philo-
      sophiques, année 4, 1936. pp. 268-293.

298. _____.   "De l'opportunité à étudier l'oeuvre du
      marquis de Sade. "   Cahiers du Sud, Vol. 285, 1947.
      pp. 717-721.

299. _____.   "Compte rendu de Exploration de Sade
      by Nadeau. "   Paru, June 1948. pp. 60-63.

300. _____.   "A destructive philosophy. "   Yale French
      Studies, Vol. 35, Décembre 1965. pp. 61-79.

301. _____.   Sade mon prochain.   Preceded by Le
      Philosophe scélérat.   Paris: Editions du Seuil
      (Collection "Pierres vives"), 1947.

302. _____. Introduction to Aline et Valcour. In
D. A. F. Sade Oeuvres complètes. Paris: J. J.
Pauvert, 1963.

303. _____. "Sade et la Révolution." Preface to La
Philosophie dans le boudoir. In Oeuvres complètes
du marquis de Sade. Tome III. Paris: Cercle du
livre précieux, 1963.

304. _____. "Justine et Juliette." Preface to La
Nouvelle Justine followed by l'Histoire de Juliette.
In Oeuvres complètes du marquis de Sade. Tome
VI. Paris: Cercle du livre précieux, 1963.

305. _____. "Esquisse du système de Sade." Preface
to Cent vingt Journées de Sodome. In Oeuvres
complètes du Marquis de Sade. Tome XIII. Paris:
Cercle du livre précieux, 1964 and 1967.

306. _____. "A destructive philosophy." Yale French
Studies, Vol. 35, 1965.

307. _____. "Signe et Perversion chez Sade." Tel
Quel, 12 Mai 1966.

308. _____. "Sade ou le philosophe scélérat." Tel
Quel, Vol. 28, 1967. pp. 3-22.

309. _____. "Le Philosophe scélérat." In Oeuvres
complètes du marquis de Sade. Tome XVI, pp.
477-505 (same article as in Tel Quel-1967). Paris:
Cercle du livre précieux, 1967.

310. _____. Preface to Aline et Valcour. In Oeuvres
complètes de Sade. Tome IV. Paris: Cercle du
livre précieux, 1967.

311. _____. "Sade et l'homme normal." Preface to
La nouvelle Justine ou les malheurs de la vertu
suivie de l'Histoire de Juliette, sa soeur, ou les
prospérités du vice. In Oeuvres complètes du marquis de Sade. Tome XI. Paris: Cercle du livre
précieux, 1967.

312. _____. "Sous le masque de l'athéisme." Preface to Les crimes de l'amour. In Oeuvres complètes du Marquis de Sade. Tome X. Paris:

Cercle du livre précieux, 1967.

313. _____. "Sade et Fourier." Topique, Vol. 4-5,
     Octobre 1970. pp. 79-98.

314. KREIS, BERNARD. "Le Marquis." L'Alsace, 1er
     Avril 1964.

315. KRISTOL, IRVING. "The shadow of the marquis notes
     on some possibly related matters." Encounter,
     Février 1957.

316. LABORDE, ALICE M. "Sade: La dialectique du re-
     gard: La marquise de Gange." Romanic Review,
     Vol. 60, 1969. pp. 47-53.

317. _____. "Sade: La marquise de Gange." Sympo-
     sium, Vol. 23, 1969. pp. 38-45.

318. LACAN, JACQUES. "Kant avec Sade." Critique,
     Vol. 19, Avril 1963. pp. 291-313.

319. _____. "Kant avec Sade." Postface to La
     Philosophie dans le boudoir. In Oeuvres complètes
     du marquis de Sade. Tome III. Paris: Cercle du
     livre précieux, 1966.

320. LACRETELLE, JACQUES DE. "Une épouse modèle:
     la marquise de Sade." Figaro Littéraire, February
     10, 1962. pp. 1, 4.

321. LACROIX, PAUL. "Le marquis de Sade." In Curi-
     osités de l'histoire de France. Paris: Adolphe
     Delahaye libraire, 1858.

322. _____. "La vérité sur les deux procès criminels
     du marquis de Sade." Revue de Paris, Vol. 37,
     1837. pp. 135-144.

323. LAFOURCADE, GEORGES. "Sade et Swinburne." In
     La Jeunesse de Swinburne-1837-1867 (thesis). Paris
     and Strasbourg: société d'éditions ("Les Belles
     Lettres"), 1928.

324. _____. "William Blake et le marquis de Sade."
     Confluences, Vol. 1, 1943. pp. 156-162.

325. LAPRADE, J. "Sur Le Marquis de Sade de M.
      Heine." Arts, 23 Juin 1950.

326. LAURENS, A. "La Pensée de Sade." L'Ordre, 29
      Avril 1948.

327. LEDUC, JEAN. Les idées religieuses et morales du
      marquis de Sade et leurs sources (Thèse universi-
      taire). Paris: 1965.

328. _____. "Les Sources de l'athéisme et de l'im-
      moralisme du marquis de Sade." Studies on Vol-
      taire, Vol. 68, 1969. pp. 7-66.

329. LÉLY, GILBERT. "Le Château-Lyre." In Ma civili-
      sation (avec 10 eaux-fortes de Coutaud). Paris:
      Maeght, 1947.

330. _____. D. A. F. de Sade--Morceaux choisis.
      Prologue, introductions and bibliography. Paris:
      Pierre Seghers, 1948.

331. _____. "A huit rais d'or." Preface for Eugenie
      de Franval. Paris: Georges Artigues, 1948.

332. _____. "Notes historiques sur deux lettres du
      marquis de Sade" Les Cahiers de la Pléiade, No.
      6, automne-hiver 1948.

333. _____. Preface to Marquis de Sade, L'aigle,
      mademoiselle... et lettres publiées pour la pre-
      mière fois sur les autographes inédits. Avignon:
      Georges Artigues, 1949.

334. _____. "Lettre à madame de Sade." La Nef,
      Mars 1950.

335. _____. "La belle-soeur du marquis de Sade:
      Mlle Anne-Prospère de Launay." Temps Modernes,
      Vol. 65, Mars 1951. pp. 1561-1581.

336. _____. "Description du château du marquis de
      Sade à La Coste." Mercure De France, Vol. 311,
      1951. pp. 660-673.

337. _____. "Une fiancée du marquis de Sade: Mlle
      Laure-Victoire-Adeline de Lauris (d'après des docu-

ments inédits)." <u>Table Ronde,</u> Vol. 40, April 1951. pp. 76-85.

338. _____. "Une maîtresse du marquis de Sade: Mlle Colet, de la Comédie italienne." <u>Cahiers de la Pléiade,</u> Vol. 12, 1951. pp. 137-147.

339. _____. "Lettre à Madame de Sade." <u>La Révolte en question,</u> No. 1, Février 1952.

340. _____. "Les ancêtres du marquis de Sade." <u>Mercure de France,</u> Vol. 314, 1952. pp. 81-90.

341. _____. <u>Vie du Marquis de Sade, accompagnée de nombreux documents inédits. Tome I: De la naissance à l'évasion de Moillans 1740-1773.</u> Paris: Gallimard, 1952.

342. _____. "Sade a-t-il été jaloux de Laclos." <u>Nouvelle Nouvelle Revue Française,</u> Vol. 6, 1953. pp. 1124-1129.

343. _____. "Répertoire des oeuvres du marquis de Sade." <u>Revue Des Sciences Humaines,</u> Vol. 70 (Avril-Juin) 1953. pp. 133-147.

344. _____. Foreword to <u>Histoire secrète d'Isabelle de Bavière.</u> Paris: Gallimard, 1953.

345. _____. Preface and notes to <u>Cahiers personnels. 1803-1804.</u> Paris: Corrêa, 1953.

346. _____. Notes for <u>Le Carillon de Vincennes lettres inédites.</u> Paris: Arcanes (Collection: Humour noirs), 1953.

347. _____. Foreword to <u>Monsieur le 6, lettres inédites (1778-1784).</u> Paris: Julliard Sequana (Collection: Les Lettres nouvelles), 1954.

348. _____. "Un laquais du marquis de Sade: Carteron, dit La Jeunesse." <u>Mercure De France,</u> Vol. 325, 1955. pp. 179-183.

349. _____. "La mort du marquis de Sade d'après des documents inédits." <u>Botteghe Oscure,</u> Vol. 18, 1956. pp. 20-26.

350. _____. "La jalousie conjugale du marquis de Sade." Lettres Nouvelles, Vol. 4, 1956. pp. 674-682.

351. _____. "L'évasion du marquis de Sade à Valence d'après des documents inédits." Table Ronde, Vol. 101, May 1956. pp. 108-116.

352. _____. "Sade et la berline de Varennes. 24 juin, 1791." Monde Nouveau, Vol. 11, No. 104, 1956. pp. 137-144.

353. _____. "Sade n'est pas l'auteur du pamphlet de Zoloé." Mercure de France, Vol. 328, 1956. pp. 182-184.

354. _____. "Le marquis de Sade et Rétif de la Bretonne." Mercure de France, Vol. 331, 1957. pp. 364-366.

355. _____. "Introduction aux Cent vingt Journées de Sodome." Mercure de France, Vol. 331, 1957. pp. 497-504.

356. _____. Foreword to La Marquise de Gange. Paris: Pierre Amiot, 1957.

357. _____. Vie du marquis de Sade, avec un examen de ses ouvrages. Des années libertines de la Coste au dernier hiver du captif, 1773-1814. 2 vols. Paris: Gallimard, 1952-1957.

358. _____. " "Sade, " in Dictionnaire biographique des auteurs. Tome II. Paris: S. E. D. E., 1958.

359. _____. Introduction to Nouvelles exemplaires. Paris: Club Français du Livre, 1958.

360. _____. Introduction to Crimes de l'amour. Paris: J. J. Pauvert, 1959.

361. _____. Sade profeta dell' erotismo. Milano: Feltrinelli, 1960.

362. _____. "Une superchérie littéraire de Sade: Isabelle de Bavière." Mercure de France, Vol. 340, 1960. pp. 476-488.

363. _____. Preface to <u>La Marquise de Gange</u>.
Paris: J. J. Pauvert, 1961.

364. _____. Preface to <u>La Vérité, poème inédit</u>.
Paris: J. J. Pauvert, 1961.

365. _____. "Vie du marquis de Sade avec un examen
de ses ouvrages t. I 1740-1778, nouvelle édition
revue et corrigée et en maint endroit refondue."
In <u>Oeuvres complètes du Marquis de Sade</u>. Tome I.
Paris: Cercle du livre précieux, 1961.

366. _____. <u>Leben und Werk des Marquis de Sade</u>.
Düsseldorf: Karl Rauch Verlag, 1961.

367. _____. <u>The Marquis de Sade, a biography</u>.
London: Elek Book Ltd., 1961; Toronto: Ryerson
Press, 1961.

368. _____. "Poèmes sur le marquis de Sade." In
<u>Ma civilisation</u>, Paris: J. J. Pauvert, 1961.

369. _____. <u>Vie du marquis de Sade avec un examen</u>
de ses ouvrages. 1778-1814. In <u>Oeuvres complètes</u>
<u>du marquis de Sade</u>. Tome II. Paris: Cercle du
livre précieux, 1962.

370. _____. <u>The Marquis de Sade: A biography</u>.
Translated by Alec Brown. New York: Grove Press,
1962.

371. _____. Introduction to <u>Histoire de Sainville et</u>
<u>Léonore</u>, extract d'<u>Aline et Valcour</u>. Paris: Union
générale d'éditions, 1962.

372. _____. Presentation des <u>Lettres choisies</u>. Paris:
J. J. Pauvert, 1963.

373. _____. "Introduction to <u>Contes et Nouvelles</u>."
In <u>Romanciers du XVIIIe siècle</u>. Paris: Gallimard,
1963.

374. _____. Preface to <u>Infortunes de la vertu,</u>
followed by <u>Historiettes, Contes et Fabliaux</u>. Paris:
Union Générale d'Editions, 1965.

375. _____. "Panorama de Sade." <u>Gazette de Laus-</u>

Studies on de Sade   77

anne, Vol. 30, 6 Février 1965. p. 19.

376. _____. Vie du marquis de Sade (1740-1778),
avec un examen de ses ouvrages. Nouvelle édition
revue et corrigée et en maints endroits refondue.
Postface: Yves Bonnefoy. In Oeuvres complètes du
marquis de Sade. Tome I-II. Paris: Cercle du
livre précieux, 1966.

377. _____. Le marquis de Sade: Etudes sur sa vie
et sur son oeuvre. Paris: Gallimard, 1966.

378. _____. Introduction to Oeuvres diverses. Paris:
Club Français du Livre, 1967.

379. _____. Preface and Postface to Correspondance
(1759-1814). In Oeuvres complètes du Marquis de
Sade. Tome XII. Paris: Cercle du livre précieux,
1967.

380. _____. Preface to Cahiers personnels and to
Adelaide de Brunswick. In Oeuvres complètes de
Sade. Tome XIII. Paris: Cercle du livre précieux,
1967.

381. _____. Preface to La Marquise de Gange. In
Oeuvres complètes de Sade. Paris: Cercle du
livre précieux, 1967.

382. _____. Preface to Crimes de l'amour. In
Oeuvres complètes de Sade. Tome IV. Paris:
J. J. Pauvert, 1967.

383. _____. Premières oeuvres and Opuscules sur le
théâtre. Publiés pour la première fois sur les
manuscrits autographes inédits. In Oeuvres complètes du Marquis de Sade. Tome XVI. Paris:
Cercle du livre précieux, 1967.

384. LEMMI, D. A. "Il trionfo di Sade." ABC (Milan),
10 Juillet 1966.

385. LENNING, WALTER. "Sade," in Selbstzeugnissen und
Bilddokumenten (Zeittafel, Zeugnisse und Bibliographie von Helmut Riege). Hamburg: Rowohlt,
1965.

386. LEYSER, H. "Sade, oder der andere Florestan.
     Eine Skizze zur tragikomödie der Intelligenz. "
     Antaios, Vol. 2, 1960-1961. pp. 515-526.

387. LOBET, MARCEL. "Du mal de Sade à l'ennui de
     Benjamin Constant. " Revue Générale Belge, Vol.
     100, September 1964. pp. 21-33.

388. LUCKOW, MARION. "Sade, " in her Die Homo-
     sexualität in der literairischen tradition; Studien zu
     den Romanen von Jean Genet. Stuttgart: Enke,
     1962. pp. 6-11.

389. LUKA, C. Marquis de Sade und sein Volk. Der his-
     torische Franzmann im Speigel seiner Kultur und
     seiner Grauzamkeit. Unter Benützung amtlicher und
     historischer Quellen zusammengestellt und bearbeitet.
     Bremen: 1921.

390. LUND, MARY G. "The century of de Sade. " Modern
     Age, Vol. 8, 1963. pp. 38-44.

391. MACCHIA, GIOVANNI. "Un sogno di Sade. " In Il
     mito de Parigi. Torino: Einaudi, 1965. pp. 181-
     186.

392. MCMAHON, JOSEPH. "Where does life begin?" Yale
     French Studies, Vol. 35, December 1965. pp. 96-
     113.

393. MAGNE, EMILE. "Revue de la quinzaine. " Mercure
     de France, Vol. CCVI, 15 Septembre 1928. pp.
     654-655.

394. MAGNY, CLAUDE-EDMONDE. "Sade martyr de
     l'athéisme. " Caliban, Octobre 1947. pp. 41-44.

395. MANDIARGUES, ANDRE PIEYRE DE. Preface to
     Histoire de Juliette. In Oeuvres complètes de Sade.
     Tome XIX. Paris: Cercle du livre précieux, 1967.

396. MANGANELLA, DIEGO. "Ombre nel tempo, la
     marchesa di Sade. " Nuova Antologia, 6th Ser. 218,
     June 1, 1922. pp. 205-216.

397. MANUEL, LOUIS-PIERRE. "Sur le rôle joué par
     Sade pendant la prise de la Bastille. " In La

Bastille dévoilée ou Recueil de pièces authentiques
pour servir à son histoire. Paris: Desenne, 1790.

398. MARCHAND, MAX. Du marquis de Sade à André
Gide; essai de critique psychopathologique et psy-
chosexuelle. Oran: Fouque, 1956.

399. MARCIAT, DR. (pseud. of I. TOURNIER). "Le
marquis de Sade et le sadisme." In A. Lacassagne,
Vacher l'éventreur et les crimes sadiques. Lyon:
Masson, Storck, 1899.

400. MARDORÉ, M. La première communion. D'après le
chef-d'oeuvre du marquis de Sade. Paris: Gallimard, 1962.

401. MARÉCHAL, SYLVAIN and LALANDE, J. "Sade
comme athée." In Dictionnaire des athées.
Bruxelles: 1843.

402. MARGOLIN, JEAN-CLAUDE. "Lectures de Sade."
Etudes Françaises, Vol. 3, 1967. pp. 410-413.

403. MASSON, ANDRÉ. "Note sur l'imagination sadique."
Cahiers du Sud, Vol. 285, 1947. pp. 715-716.

404. MATTHEWS, J. H. "The right person for surrealism."
Yale French Studies, Vol. 35, December 1965. pp.
89-95.

405. MAULNIER, THIERRY. "L'actualité du marquis de
Sade." Hommes et Mondes, Juillet 1947. pp. 502-
508.

406. _____. Preface to Infortunes de la vertu. Paris:
J. Valmont, 1947.

407. MAURIAC, CLAUDE. "Sade déifié." In Hommes et
Idées d'aujourd'hui, Paris: Albin Michel, 1953.

408. _____. "L'aigle, Mlle." Table Ronde, Mars
1950, pp. 139-147.

409. _____. "Du nouveau sur Sade." Le Figaro, 8
Janvier 1958.

410. MAY, GEORGES. "Novel reader, fiction writer."

Yale French Studies, Vol. 35, December 1965.
pp. 5-11.

411. MEAD, WILLIAM. "The marquis de Sade: politics on
a human scale. " Esprit Createur, Vol. 3, 1963.
pp. 188-198.

412. MEISTER, PAUL. "Succès et durée. " In Charles
Duclos (1704-1772). Geneve: E. Droz, 1956.

413. MÉNABRÉA, LÉON. "Sur la captivité de Sade ou
fort de Midians. " In Des origines féodales dans les
Alpes occidentales. Turin: imprimerie royale, 1865.

414. MÉNARD, PIERRE (DR.). "Portrait graphologique du
marquis de Sade. " Documents, No. 7, Décembre
1929.

415. MERCIER, ROGER. "Sade et le thème des voyages
dans Aline et Valcour. " XVIIIe siècle, Vol. 1,
1969. pp. 337-352.

416. MERTNER, EDGAR and MAINUSCH, HERBERT. "Sade
und die Geschichte der O. " In Pornotopia. Das
Obszöne und die Pornographie in der literarischen
Landschaft. Bonn: Athenäum Verlag, 1970. pp.
200-229.

417. MEURLING, P. Den Gåtfulle markis de Sade, Stockholm: 1956.

418. MICHAUD, LOUIS-GABRIEL. "Article Sade, " in
Biographie universelle ancienne et moderne Michaud.
Tome XXXVII. Paris: C. Desplaces, 1863.

419. MILNER, MAX. "Sade, " in Le diable dans la littérature française de Cazotte à Baudelaire. 2 Volumes.
Paris: Corti, 1960. pp. 185-191.

420. MISTLER, JEAN. "La Réhabilitation impossible. "
L'Aurore, 14 Janvier 1958.

421. MITCHELL, JEREMY. "Swinburne, the disappointed
protagonist. " Yale French Studies, Vol. 35, December 1965. pp. 81-88.

422. MOLINO, JEAN. "Sade devant la beauté. " Colloque

d'Aix-en-Provence sur Sade, 19 and 20 Février 1966.
Paris: Colin, 1968. pp. 141-170.

423. MONSOUR, BERNARD. "Sade et le roman. " Arche,
      Vol. 22, December 1946. pp. 145-147.

424. MOREAU DE TOURS. "Affaire Keller. " In Des
      abérrations du sens génésique. Paris: 1880.

425. NADEAU, MAURICE. "Exploration de Sade, essai
      pour précéder des Textes choisis. " Paris: La jeune
      Parque (Collection "Le cheval parlant, " No. 3),
      1947.

426. _____. "A propos des Lettres du Marquis de
      Sade. " Combat, 22 Décembre 1949.

427. NAVILLE, PIERRE. "Sade et les principes de la
      morale. " In D'Holbach. Paris: Gallimard, 1943.

428. _____. "Sade et la philosophie. " In Oeuvres
      complètes du marquis de Sade. Tome XI. Paris:
      Cercle du livre précieux, 1964, 1967.

429. _____. "Sade et l'érotisme d'aujourd'hui. "
      Colloque d'Aix-en-Provence sur Sade, 19 and 20
      Février 1966. Paris: Colin, 1968. pp. 289-305.

430. NAZ, (CHANOINE) R. "La captivité du marquis de
      Sade et son évasion. " Société savoisienne d'histoire
      et d'archéologie, Vol. 179, 1965.

431. NICOLETTI, G. "Antropologia aristocratica: Tra
      Laclos e Sade. " In Introduzione allo studio del ro-
      manzo francese nel settecento. Bari, 1967. pp. 169-
      194.

432. NODIER, CHARLES. "Souvenirs sur Sade. " In Souve-
      nirs, épisodes et portraits de la Révolution et de
      l'Empire. Paris: Levasseur, éditeur, Palais-Royal,
      1831.

433. OKAPI, MARTINE see EAUBONNE, FRANÇOISE D'.

434. OLIVER, A. RICHARD. "Charles Nodier and the
      marquis de Sade. " Modern Language Notes, Vol.
      75, 1960. pp. 497-502.

435.   PARAZ, ALBERT.   "Sur le procès Sade." Défense
       de l'Occident, Octobre 1957.

436.   PARRAT, MARCEL.   "Sade, l'affaire de Marseille et
       le premier parlement d'Aix." Colloque d'Aix-en-
       Provence sur Sade, 19 and 20 Février 1966.   Paris:
       Colin, 1968.   pp. 51-57.

437.   PARROT, LOUIS.   "Sade blanc, Sade noir." Cahiers
       du Sud, Vol. 285, 1947.   pp. 707-714.

438.   PASTOUREAU, HENRI.   "Entretien sur Sade avec
       Gilbert Lély." Paru, No. 56, 15 Décembre 1949.

439.   _____.   "Sade, précurseur d'une Weltanschauung
       de l'ambivalence." Nef, Vol. 7, 1950.   pp. 39-46.

440.   _____.   Notes for Cent onze notes pour la
       Nouvelle Justine.   Paris: Eric Losfeld (Collection
       "Le Terrain Vague" No. 4), 1956.

441.   _____.   "Du sado-masochisme aux philosophies
       de l'ambivalence." Preface to Cent Vingt Journées
       de Sodome.   In Oeuvres complètes du marquis de
       Sade.   Tome XIII.   Paris: Cercle du livre précieux,
       1964 and 1967.

442.   _____.   "Sado-Masochism and the philosophies of
       ambivalence." Yale French Studies, Vol. 35, De-
       cember 1965.   pp. 48-60.

443.   PATRI, AIMÉ.   "Notre frère damné." L'Arche, 1947.

444.   _____.   "Sur la pensée philosophique de Sade.
       Compte rendu d'ouvrages sur Sade." Table Ronde,
       No. 5, 1948.   pp. 824-832.

445.   PAULHAN, JEAN.   "Notes on Les Infortunes de la
       vertu." Nouvelle Revue Française, Vol. 204,
       Septembre 1930.

446.   _____.   "Sade, ou le pire est l'ennemi du mal."
       Labyrinthe, No. 11, August 1945.   p. 11.

447.   _____.   "Le marquis de Sade et sa complice, ou
       les revanches de la pudeur." Table Ronde, Vol. 3,
       Juillet 1945, pp. 97-136.

448. _____. "La Douteuse Justine ou Les Revanches
de la pudeur." Preface to Infortunes de la vertu.
Paris: Editions du Point du jour (Collection "Inci-
dences" No. 43). 1946.

449. _____. Le marquis de Sade et sa complice: ou,
les revanches de la pudeur. Paris: Editions Lilac,
1951.

450. _____ and HEINE, MAURICE. "Introduction and
Notice to Sade," in Sade, D. A. F. Les infortunes
de la vertu. Paris: Editions du point du jour, 1946.

451. PAULHAN, JEAN. Preface to Aline et Valcour, ou
le roman philosophique, 4 volumes. Paris: Pauvert, 1955.

452. _____. "La Douteuse Justine ou Les Revanches
de la pudeur." Introduction to Infortunes de la
Vertu. Paris: J. J. Pauvert, 1959.

453. _____. "Sade et autres primitifs." In Oeuvres
complètes. Paris: Cercle du livre précieux, 1966.

454. _____. Preface to Infortunes de la vertu. In
Oeuvres complètes de Sade. Tome I. Paris: J. J.
Pauvert, 1967.

455. _____. Preface to Les infortunes de la vertu.
Paris: Hachette (Le livre de Poche), 1970.

456. PAUVERT, JEAN-JACQUES. "Le Marquis de Sade,
l'histoire et la littérature." Introduction to Choix
d'oeuvres. Paris: Club Français du Livre, 1953.

457. _____, défendant. L'affaire Sade; compte-rendu
exact du procès intenté par le Ministère public aux
Editions Jean-Jacques Pauvert. Paris: Pauvert,
1957.

458. PAZ, OCTAVIO. "Corriente alterna." Sur, Vol.
274, 1962. pp. 34-46.

459. PEISE, L. "Revère et le marquis de Sade." Revue
Historique de la Révolution française, Vol. 6, 1914.
pp. 70-81.

460. PERCEAU, LOUIS. "Le Marquis de Sade et le
      sadisme, " étude pour précéder La Philosophie dans
      le boudoir. Sadopolis (sic): aux dépens de la So-
      ciété des études sadiques, n. d.

461. _____. Notice pour Le Bordel de Venise, ex-
      trait de l'Histoire de Juliette, nouvelle édition ornée
      d'aquarelles scandaleuses de Couperyn. Venezia: aux
      dépens des Philosophes libertins, n. d.

462. _____ see APOLLINAIRE.

463. PETRUCCI, ANTONIO. "Quasi un diario"... (announc-
      ing the Italian translation of the works of the Mar-
      quis de Sade). L'Osservatore Romano, 22 Octobre
      1966. p. 3.

464. PEYREBONNE, MICHELINE. Le Marquis de Sade ou
      les malheurs du vice (pamphlet). Montrouge:
      Europe notre patrie, 1970.

465. PIA, PASCAL. "Le Marquis de Sade. " Preface to
      Ernestine. Paris: au Cabinet du Livre, 1926.

466. _____. "Le triomphe du prisonnier. " Carrefour,
      25 Decembre 1957.

467. _____. "Sade au XXe siècle. " Carrefour, 24
      Juillet 1963.

468. _____. "Sade et les visiteurs de Charenton. "
      La Quinzaine Littéraire, No. 6, 1 June 1966. pp.
      18-19.

469. _____. "Dans l'Enfer de la Nationale. " Maga-
      zine Littéraire, No. 21, Septembre 1968. pp. 38-
      39.

470. PIAZZOLI, JACQUES. "Jugement sur Sade. " In
      Catalogue de livres rares et curieux. Milan:
      Dumolard frères, 1880.

471. PICK, ROBERT. "The madman of Charenton. "
      Saturday Review of Literature. Vol. 19, 1954.
      pp. 32-33.

472. PICON, GAËTAN. "Sade et l'indifférence. " Fontaine,

Vol. 62, Octobre 1947. pp. 646-654-

473. _____. "Sade et l'indifférence." In "L'usage de la lecture," Mercure de France, Vol. 1, 1960. pp. 55-64.

474. _____. "Sade et l'indifférence." In Oeuvres complètes du Marquis de Sade. Tome XI. (a reprint of his article of 1960 which appeared in Mercure de France). Paris: Cercle du livre précieux, 1964, 1967.

475. PIDANZAT DE MAIROBERT. "Affaires Keller et de Marseille." In L'Espion anglais ou Correspondance secrète entre milord All'eye et milord All'ear. London: chez John Adamson, 1784.

476. PIGOREAU. "Sur la vie de Sade et ses écrits." In Petite Bibliographie biographico-romancière. Paris: 1821.

477. PITOU, ANGE. "Souvenirs sur Sade." In Analyse de mes malheurs et de mes persécutions depuis vingt-six ans. Paris: chez l'auteur, 1816.

478. PLEYNET, MARCELIN. "Sade lisible, La Philosophie dans le boudoir." Tel Quel, Vol. 34, 1968. pp. 75-85.

479. POULET, ROBERT. "Le Vilain Démon." Rivarol, 25 Juin 1964.

480. POWELL, ANTHONY. "The Intractable Marquis." The Daily Telegraph (London) 12 January 1962.

481. PRAZ, MARIO. "All' insegna del divin marchese (di Sade)." La carne, la morte e il diavolo nella letteratura romantica. Milan and Rome: Soc. editrice La cultura, 1930; Florence: 1948.

482. _____. La carne, la morte e il diavolo nella letteratura romantica. Torino: Einaudi (Collegione "I Saggi"), 1942; Firenze: Biblioteca Sansoni, 1965.

483. _____. Romantic Agony, translated by Angus Davidson. London and New York: Oxford University press, 1951.

484. PRINCE, FRÉDÉRIC. Preface to Idée sur les ro-
      mans. Extr. Crimes de l'amour. Sceaux: Editions
      du Palimugre, 1947.

485. PROFÜHL, GASTON. Notes bibliographiques pour les
      Ecrits politiques et Oxtier. Paris: J. J. Pauvert,
      1957.

486. QUENEAU, RAYMOND. "Sur Sade, " in Bâtons,
      chiffres et lettres. Paris: Editions Gallimard, 1950.

487. QUINT, LÉON-PIERRE. "Compte rendu d'ouvrages
      sur Sade. " L'Observateur, 25 Mai 1950.

488. RABENALT, ARTHUR MARIA. Theatrum Sadicum:
      Der Marquis de Sade und das theater, Emsdetten/
      Weste: Verlag Lechte, 1963.

489. RAMON, L. J. (DR.). "Notes sur M. de Sade. " In
      Cahiers personnels (1803-1804). Paris: Corrêa,
      1953.

490. RÉMOND and VOIVENEL. Le génie littéraire. Paris:
      Alcan, 1912.

491. RENAUD-VERNET, ODETTE. "La machine infernale
      de Sodome. " Gazette de Lausanne, Vol. 30, 6
      February 1965. p. 19.

492. RENOUVIER, JULES. Histoire de l'art pendant la
      révolution. Paris: 1863.

493. RESTIF DE LA BRETONNE, NICOLAS-EDME. "Sur
      Sade. " In Le Pied de Fanchette, Paris: 1769.

494. _____. Affaires Keller et de Paris ou le Spec-
      tateur nocturne. Paris: 1788.

495. _____. "Sur Sade, " in Monsieur Nicolas ou Le
      coeur humain dévoilé. Paris: chez De Bonneville,
      imprimeur, 1796.

496. _____. "Sur les sales ouvrages de l'infame
      Dfds. " In Préface de l'Anti-Justine. Paris: au
      Palais-Royal, chez feue la veuve Girquard très
      connue, 1798.

497. REVEL, JEAN-FRANÇOIS. Preface to Cent Vingt

Journées de Sodome. In Oeuvres complètes de Sade.
Tome XXVI. Paris: Cercle du livre précieux, 1967.

498. _____. "Les succès du moi: Variations autour
de la tentation de parler de Sade." Preuves, Vol.
208, 1968. pp. 45-50.

499. RICHARD, P. "Sade," in Grand Larousse encyclopédique. Paris: Editions Larousse, 1964.

500. RICKWORD, EDGELL. "Notes for a study of Sade."
Calendar of modern letters (London), Vol. 2, 1926.
pp. 421-431.

501. ROBBE-GRILLET, ALAIN. Preface to La Nouvelle
Justine. In Oeuvres complètes de Sade. Tome XV.
Paris: Cercle du livre précieux, 1967.

502. RONDANT, JEAN. "Les exercices poétiques au
XVIIIᵉ siècle." Critique, June 1962.

503. ROUBINE, JEAN-JACQUES. "Oxtiern, mélodrame et
palimpseste." Revue d'Histoire du théâtre (Paris),
Vol. 22, 1970. pp. 266-283.

504. ROUGEMONT, DENIS DE. "Don Juan et Sade." In
L'amour et l'occident. Paris: Plon, 1956.

505. ROUSSEAU, HERVÉ. "Sade," in Le Dieu du Mal.
Paris: Presses Universitaire de France, n. d.

506. ROUSSEAUX, ANDRÉ. "Littérature Sadiste." Le
Figaro littéraire, Novembre 1952.

507. _____. "Je ne suis pas sadiste." Le Figaro
littéraire, Vol. 13, 8 Février 1958. p. 2.

508. RYLAND, HOBART. "Recent developements in research on the Marquis de Sade." French Review,
Vol. 25, 1951-1952. pp. 10-15.

509. _____. "Anatole France, le marquis de Sade et
Courtilz de Sandras." Kentucky Foreign Language
Quarterly, Vol. 4, 1957. pp. 200-204.

510. SADE, MME. De. "Suite de réflexions sur le roman
d'Aline et de Valcour." Lettres Nouvelles, Vol. 1,

1953. pp. 198-204.

511. SAINTE-BEUVE. "Jugement sur Sade. " In "Quelques
      visites sur la situation en littérature. " (Paris) La
      Revue des deux mondes, Vol. 3, 1843.

512. SARDOU, V. "Lettre sur le marquis de Sade. "
      Chronique médicale, 15 Décembre 1902. pp. 802-
      803, 807-808.

513. SARFATI, SALVATOR. Essai médico-psychologique
      sur le marquis de Sade (thesis). Lyon: Bosc and
      Riou, 1930.

514. SARTRE, JEAN-PAUL. "Sur Sade, " in L'Etre et le
      Néant. Paris: Gallimard, 1943.

515. SCHMIDT, ALBERT-MARIE. "Duclos, Sade et la
      littérature féroce. " Revue des Sciences Humaines,
      Vol. 62-63, 1951. pp. 146-155.

516. SCHUWER, CAMILLE. "Sade et les moralistes. " In
      Oeuvres complètes du marquis de Sade. Tome XI.
      Paris: Cercle du livre précieux, 1964, 1967.

517. SEAVER, RICHARD. "An anniversary unnoticed and
      a note about Justine. " Evergreen Review, Vol. 36,
      Juin 1965.

518. SELDON, E. S. "A new writer: the marquis de
      Sade. " The Hudson Review, Summer 1953.

519. SÉRIEUX, PAUL (DR.). "L'internement du marquis
      de Sade au Château de Miolans. " Hippocrate, Re-
      vue d'Humanisme Médical, Vol. 5, 1937. pp. 385-
      401, 465-482.

520. SERRA, DANTE. Il marchese di Sade, la sua vita e
      i suoi tempi. Also published under title: L'avven-
      turosa vita del marchese de Sade. Milan: Ceschina,
      1950.

521. SERSTEVENS, ALBERT. "Le marquis de Sade. " In
      Escales parmi les livres. Paris: Nouvelles Edi-
      tions latines, 1969. pp. 142-145.

522. SHIMPACHIRO, MIYATA. "The Marquis on Trial. "

Japan Quarterly, Vol. 8, 1961. pp. 494-496.

523. SIEBURG, FRIEDRICH. "Freiheit zum Bösen."
      Frankfurter Allgemeine, 1962.

524. SOLIER, RENÉ DE. "Sade ou l'avocat des formes."
      Les Cahiers du Sud, Vol. 285, 1947.

525. SOLLERS, PHILIPPE. "Sade dans le texte." Tel
      Quel, Vol. 28, 1967. pp. 38-50.

526. _____. "Sade dans le texte." In Oeuvres com-
      plètes du marquis de Sade. Tome XVI. pp. 562-
      579. (article appeared in Tel Quel, 1967). Paris:
      Cercle du livre précieux, 1967.

527. SOMMERS, MONTAGUE. The Marquis de Sade, a
      study in algolagnia. London: British Society for the
      Study of Sex Psychology, 1920.

528. _____. "The Marquis de Sade, a study in algo-
      lagnia." In Essays in petto. London: The Fortune
      Press, 1928.

529. SONTAG, SUSAN. "Marat/Sade/Artaud." The Parti-
      san Review, Vol. 32, 1965.

530. SOTO, J. DE. Preface to Sade utopiste: Sexualité,
      pouvoir et état dans le roman Aline et Valcour, by
      Pierre Favre. Paris: Presses universitaires de
      France, 1967.

531. STARKE, MANFRED. "Sade." Beiträge zur Romani-
      schen Philologie (Berlin), Vol. 8, 1969. pp. 108-
      114.

532. STÉPHANE, ROGER. "Compte rendu d'ouvrages sur
      Sade." La Nef, No. 43, 1948.

533. _____. "Marquis de Sade." La Nef, Juin 1948.

534. SWINBURNE, ALGERNON CHARLES. Apologie de
      Sade (in French). London: printed for private circu-
      lation, 1916.

535. TAINE, HIPPOLYTE. "Jugement sur Sade." In Les
      Origines de la France contemporaine. Vol. III.

Paris: Hachette, 1885.

536. TALMEYR, MAURICE. "Deux grandes familles du
      XVIIIe siècle." Figaro, 10 Juillet 1906.

537. _____. "La Marquise de Sade, un monstre dans
      un coton." Le Figaro, 18 Septembre 1926.

538. TARNOWSKY, B. Die Krankhaften Escheinungen des
      Geschlechtssiness. Berlin: Hirschfeld, 1886.

539. TAUXE, HENRI-CHARLES. "Le divin marquis et son
      siècle." Gazette de Lausanne, Vol. 70, 6 Février
      1965. p. 20.

540. _____. "Autour du Marquis de Sade." Gazette
      de Lausanne, 11, 12 Mars 1967. pp. 34-36.

541. TAXIL, LÉO (pseud. of JOGAND-PAGÈS, GABRIEL-
      ANTOINE). "Biographie de Sade." In La Prostitu-
      tion contemporaine, étude d'une question sociale.
      Paris: librairie populaire, 1883.

542. _____. "Le Sadisme." In La Corruption fin de
      siècle. Paris: Noirot, 1891.

543. TAYLOR, ROBERT E. "The Sexpressive S in Sade
      and Sartre." Yale French Studies, Vol. 11, 1953.
      pp. 18-24.

544. _____. "The marquis de Sade and the first
      psychopathia sexualis." In An analysis of the Kin-
      sey reports on sexual behavior in the human male
      and female. Edited by Donald P. Geddes. New
      York: Dutton, 1954. pp. 193-210.

545. TEMMER, MARK J. "Style and rhetoric." Yale
      French Studies, Vol. 35, December 1965. pp. 20-
      28.

546. THÉVENOT DE MORANDE, CHARLES. "Sur Sade,"
      in La Gazette noire par un homme qui n'est pas
      blanc ou oeuvres posthumes du gazetier Cuirasse.
      Londres: imprimé à cent lieues de la Bastille, 1784.

547. THIERRY. "Lettres sur Sade, notamment du sieur
      Thierry qui le connut à Charenton." L'Amateur

d'autographes, 1863. p. 279; 1864. pp. 105-106; 1865. p. 235.

548. THODY, PHILIP. "The case of the marquis de Sade." Twentieth Century, Vol. 162, 1957. pp. 41-52.

549. _____. "Der Marquis de Sade im Urte der Literaturkritik und der Justiz." Der Monat, February 1957.

550. THOINOT, LÉON-HENRY (DR.). Attentat aux moeurs et perversions de sens génital. Paris: Doin, 1898.

551. TONELLI, FRANCO. "From cruelty to theatre. Antonin Artaud and the marquis de Sade." Comparative Drama, Vol. 3, 1969. pp. 79-86.

552. TORT, MICHEL. "L'effet Sade." Tel Quel, Vol. 28, 1967. pp. 66-83.

553. _____. "L'Effet Sade." In Oeuvres complètes du Marquis de Sade. Tome XVI. pp. 583-610. (article appeared also in Tel Quel, 1967). Paris: Cercle du livre précieux, 1967.

554. TORTEL, JEAN. "Le philosophe (Sade) en prison ou l'agent provocateur." Cahiers du Sud, Vol. 285, 1947. pp. 729-746.

555. TRAZ, ROBERT DE. "Sade l'inhumain." Revue de Paris, Juillet 1948. pp. 124-128.

556. TULARD, JEAN. "Sade et la censure sous le premier Empire." Colloque d'Aix-en-Provence sur Sade, 19 and 20 Février 1966. Paris: Colin, 1968. pp. 209-218.

557. UZANNE, OCTAVE. "Préface sur l'oeuvre de D.A.F. de Sade." In Sade, D.A.F. Idée sur les romans. Paris: Rouveyre, 1878; Geneva: Slatkine reprints, 1967.

558. VALENÇAY, ROBERT. "Bibliographie des oeuvres de Sade." In Les Infortunes de la vertu. Paris: Le point du jour, 1946.

559. VALSENESTRE, JEANNE DE. "Maistre François

Rabelais et M. le comte de Sade, amplification en forme de parallèle." Cahiers du Collège de Pataphysique. Vol. 15.

560. VAPREAU, GEORGES. "Sade," in Dictionnaire universel des littératures. Paris: Librairie Hachette, 1884.

561. VERCRUYSSE, J. "Fragments inédits d'un roman perdu de Sade: Le portefeuille d'un homme de lettres." Revue d'Histoire Littéraire de la France, Vol. 68, 1968. pp. 633-637.

562. VERNER, VON (PR). Sadistes et masochistes, translated from the German. Paris: Les Editions des bibliophiles, n. d.

563. VEVÉ, GIAN FRANCO. "La crisi della raggione nell'opera di De Sade." La Fiera letteraria, Vol. 23, Decembre 1962.

564. VICAIRE, GEORGES. Manuel de l'amateur de livres du XIXe siècle. Paris: A. Rouquette, 1910.

565. VICENTIIS, GIOACCHINO. "Vite in margine, il marchese de Sade." Eloquenza (Rome), Vol. 2. Septembre-Octobre 1934. pp. 314-325.

566. VIEL-CASTEL, COMTE HORACE DE. "Souvenirs sur Sade." In Mémoires. 2 vols. Paris: 1851.

567. VIER, JACQUES. "Le Marquis de Sade." Itinéraires, June 1968. pp. 56-71.

568. _____. "Le marquis de Sade." In Littérature à l'emporte Pièce. Paris: Editions de Cèdre, 1969. pp. 69-84.

569. VILLERS, CHARLES DE. "Lettre sur le roman intitulé: Justine ou Les Malheurs de la vertu." In Le Spectateur du Nord. Tome IV. Hambourg: 1797; Paris: J. Baur, 1877.

570. _____. "Lettre sur le roman intitulé." Justine, ou les malheurs de la vertu. J. Baur, editeur. Paris: A. Poulet-Malassis, 1877.

571. VILLETERQUE. "Sur Les Crimes de l'amour."
      Journal des arts et des sciences et de littérature
      (Paris), 1800.

572. VILLIOT, JEAN DE (GEORGES NORMANDY AND H.-
      E. POINSOT). "Le Marquis de Sade et Rose
      Keller. " In La Flagellations à travers le monde.
      Paris: Charles Carrington, 1900.

573. VINOT-PRÉFONTAINE. "Le marquis de Sade et
      Jeanne Hachette. " Bulletin de la Société Acadé-
      mique Archéologique d'Oise. No. 87, 1964.

574. VOIVENELLE see RÉMOND

575. VOVELLE, MICHEL. "Sade et Lacoste suivi de
      Mirabeau et Mirabeau. Réflexions sur le déclasse-
      ment nobiliaire dans la Provence du XVIIIe siècle."
      Provence Historique. Vol. 17, 1967. pp. 160-171.

576. _____. "Sade, seigneur de village. " Colloque
      d'Aix-en-Provence sur Sade, 19 and 20 Février 1966.
      Paris: Colin, 1968. pp. 23-49.

577. WAINHOUSE, AUSTRYN. "On translating Sade. "
      Evergreen review, Vol. 42, 1966.

578. WALDEMAR, CHARLES. Höllenfahrt des Marquis de
      Sade; Roman aus dem leben eines Erotomaner.
      Schmiden: F. Decker, 1963.

579. WALRAVENS, JAN. "Im volle Vrijheid Dromen. "
      De Vlaamse Gids, Vol. 50, 1966. pp. 21-24.

580. WEBER, W. "Erbstücke-L'affaire Sade. " Zeit Ohne
      Zeit (Zurich), 1959. pp. 126-132.

581. WEISS, PETER. La Persécution et l'assassinat de
      Jean-Paul Marat représentés par le groupe théâtral
      de Charenton sous la direction de M. de Sade.
      Paris: Editions du Seuil, 1965.

582. _____. The persecution and assassination of
      Jean-Paul Marat as performed by the inmates of the
      asylum of Charenton under the direction of the mar-
      quis de Sade; a play, English version by Geoffrey
      Skelton. Verse adaption by Adrian Mitchell. Intro-

duction by Peter Brook. New York: Atheneum, 1966.

583. WILLARD, NEDD. "Le génie et la folie à travers
      les oeuvres du marquis de Sade. " In Le génie et
      la folie au XVIIIe siècle. Paris: Presses universi-
      taire de France, 1963. pp. 131-164.

584. WILSON, EDMUND. "D. A. F. Sade. " The Daily
      Worker, 18 Octobre 1952.

585. _____. "The vogue of the marquis de Sade. "
      in Eight essays. New York: Doubleday, Anchor,
      1954. pp. 167-180.

586. _____. "On de Sade's letters. " The New
      Yorker, reply by G. Gorer. Vol. 28, January 10,
      1953. pp. 76-78.

587. _____. "The documents on the marquis de Sade."
      In The bit between by teeth. New York: Farrar,
      Straus and Giroux, 1965. pp. 174-227.

588. WOLF, OSKAR LUDWIG BERNHARD. "Analyse de
      Justine. " In Allgemeine Geschichte des Romans.
      Iena: 1850.

INDEX TO PERIODICALS
CONTAINING STUDIES ON SADE

(These are indexed to entry numbers in Part 4)

ABC (Italy: 1966) 384

Action (France: 1965) 188

Alsace (L') (France: 1964) 314

Amateur d'Autographes (France: 1863, 1864, 1865) 547

Annales de Médecine Légale, de Criminologie et de Police
  Scientifique (France: 1933) 254

Antaios (1960/1961) 386

Antioch Review (United States of America: 1966) 131

Arche (France: 1946, 1947) 423, 443

Arts (France: 1950) 325

Asomante (Puerto Rico: 1954) 163

Aurore (L') (France: 1958) 420

Aux Carrefours (France: 1958) 210

Beiträge Zur Romanischen Philologie (Germany: 1969) 531

Books Abroad (United States: 1957) 198

Botteghe Oscure (Italy: 1956) 349

Bulletin de la Société Académique Archéologique d'Oise
  (France: 1964) 573

Cahiers de la Pléiade (France: 1948, 1951) 332, 338

Cahiers du Sud (France: 1947) 55, 298, 403, 437, 524, 554

Calendar of Modern Letters (England: 1926) 500

Caliban (England: 1947) 394

Carrefour (France: 1957, 1963) 466, 467

Cerf-Volant (France: 1966) 136

Chronique Médicale (France: 1902) 112, 512

Combat (France: 1949) 426

Comparative Drama (United States of America: 1969) 551

Confluences (France: 1943) 324

Correspondances (France: 1956/1957) 87

Critique (France: 1946, 1947, 1953, 1958, 1962, 1963) 34, 37, 67, 85, 318, 502

Curiosité Littéraire (France: 1882) 83

Daily Telegraph (England: 1962) 480

Daily Worker (United States of America: 1952) 584

Défense de l'Homme (France: 1957) 19

Défense de l'Occident (France: 1957) 435

Dissertation Abstracts (United States of America: 1968) 279

Documents (France: 1929) 414

XVIIIe Siècle (United States of America: 1969) 415

Eloquenza (Italy: 1934) 565

Encounter (England: 1957, 1962) 221, 315

Esprit (France: 1961) 183

Esprit Créateur (United States of America: 1963) 411

Études Françaises (Canada: 1967) 402

Evergreen Review (United States of America: 1965, 1966) 517, 577

Express (L') (France: 1966, 1967) 121, 205

Fiera Letteraria (La) (Italy: 1962) 563

Figaro (Le) (France: 1906, 1926, 1958) 409, 536, 537

Figaro Littéraire (Le) (France: 1952, 1958, 1962, 1968)
        288, 320, 506, 507

Fontaine (France: 1947) 472

Frankfurter Allgemeine (Germany: 1962) 523

French Review (United States of America: 1951/1952) 508

Gavroche (France: 1947, 1948) 18, 181

Gazette de Lausanne (Switzerland: 1965, 1967) 100, 293,
        375, 491, 539, 540

Gazette Médicale de Paris (France: 1849) 98

Giornale di Sicilia (Italy: 1961) 180

Grande Revue (France: 1899, 1900) 212, 213

Hippocrate (France: 1933, 1937) 252, 519

Hommes et Mondes (France: 1947) 405

Hudson Review (United States of America: 1953) 518

Intermédiaire (France: 1901) 215

Itinéraires (France: 1968) 567

Japan Quarterly (Japan: 1961) 522

Journal d'Israël (Israel: 1963) 280

Journal des Arts et des Sciences et de la Littérature
        (France: 1800) 571

Kentucky Foreign Language Quarterly (United States of
        America: 1957) 509

Labyrinthe (France: 1945) 446

Lettres Nouvelles (France: 1953, 1956, 1962, 1967, 1968)
65, 124, 186, 189, 350, 510

Magazine Littéraire (France: 1967, 1968) 104, 105, 469

Mercure de France (France: 1912, 1928, 1951, 1952, 1955,
1956, 1957, 1960, 1961, 1964) 111, 206, 336, 340,
348, 353, 354, 355, 362, 393, 473

Minotaure (France: 1933, 1934, 1936) 250, 256, 258

Modern Age (United States of America: 1963) 390

Modern Language Notes (United States of America: 1960)
434

Monat (Der) (Germany: 1957) 549

Monde Nouveau (France: 1953, 1956) 117, 352

Mosaic (Canada: 1968) 58

Nef (La) (France: 1946, 1948, 1950) 274, 334, 439, 532,
533

New Statesman (England: 1962) 235

New Yorker (United States of America: 1965) 586

Nieuw Vlaams Tijdschrift (Belgium: 1957) 193

Nieuwe Stem (De) (Holland: 1965) 14

Nouvelle Critique (France: 1966/1967) 158

Nouvelle Nouvelle Revue Française (France: 1953, 1965)
72, 342

Nouvelle Revue (France: 1880) 53, 54

Nouvelle Revue Encyclopédique (France: 1912) 238

Nouvelle Revue Française (France: 1930, 1933, 1958, 1970)
12, 137, 153, 245, 251, 257, 445

Nouvelles Littéraires (Les) (France: 1930, 1953, 1955) 107,
119, 209, 295

Nuova Antologia (Italy: 1922, 1969) 28, 396

Observateur (L') (France: 1950) 487

Oeuvres Libres (France: 1957) 162

Ordre (L') (France: 1948) 326

Osservatore Romano (Italy: 1966) 463

Paris-Normandie (France: 1950) 96

Partisan Review (United States of America: 1965) 529

Paru (France: 1949) 438

Pensée (France: 1967) 223

Peuple (Belgium: 1966) 204

Ponte (Italy: 1965) 25

Preuves (France: 1968) 498

Progrès Médical (France: 1932, 1950) 22, 249

Provençal (Le) (France: 1964) 276

Provence Historique (France: 1966, 1967) 9, 575

Psyché (France: 1948, 1953) 23, 227

Quinzaine Littéraire (France: 1966) 468

Raison Présente (France: 1967) 148

Recherches Philosophiques (France: 1936) 297

Reflets Méditerranéens (France: 1958) 88

Révolte en Question (France: 1952) 339

Revue Anecdotique (France: 1860) 133

Revue d'Histoire du Théâtre (France: 1970) 503

Revue d'Histoire Littéraire de la France (France: 1968) 561

Revue de l'Université d'Ottawa (Canada: 1969) 59

Revue de Paris (France: 1834, 1837, 1948, 1968) 203, 281, 284, 322, 555

Revue des Deux Mondes (France: 1943) 511

Revue des Revues (France: 1900) 172

Revue des Sciences Humaines (France: 1951, 1953, 1966) 141, 222, 343, 515

Revue du Médecin (France: 1930) 57

Revue du Touring Club de France (France: 1956) 93

Revue Française de Psychanalyse (France: 1933) 296

Revue Générale Belge (Belgium: 1964) 387

Revue Historique de la Révolution Française (France: 1914) 459

Revue Internationale d'Histoire Politique et Constitutionnelle (France: 1957) 232, 239

Revue Nationale (France: 1966) 63

Rivarol (France: 1964) 479

Romance Notes (United States of America: 1962/1963) 194

Romanic Review (United States of America: 1969) 316

Saturday Review of Literature (United States of America: 1954) 471

Sipario (Italy: 1965) 95

Southwest Review (United States of America: 1958) 199

Studi Francesi (Italy: 1963, 1969, 1970) 7, 120, 229

Studies on Voltaire (1969) 328

Sunday Times (England: 1961) 130

Sur (Argentina: 1962) 458

Surréalisme au Service de la Révolution (France: 1930, 1931, 1933) 244, 247, 253

Symposium (United States of America: 1969) 317

Table Ronde (La) (France: 1945, 1948, 1950, 1951, 1953, 1954, 1956, 1963) 90, 127, 233, 337, 351, 408, 444, 447

Tel Quel (France: 1967, 1968) 32, 139, 307, 308, 478, 525, 526, 552

Tempo Presente (Italy: 1968) 26, 27

Temps (Le) (France: 1912, 1930) 62, 268

Temps Modernes (France: 1947, 1950, 1951, 1952) 46, 68, 335

Time (United States of America: 1956, 1966) 4, 8

Times (England: 1961) 6

Times Literary Supplement (England: 1953) 2

Topique (France: 1970) 313

Tribune des Nations (France: 1953) 138

Tri-Quarterly (United States of America: 1969) 240

Twentieth Century Literature (United States of America: 1957) 548

Vie Intellectuelle (France: 1911) 197

Vigie Marocaine (La) (Morocco: 1957, 1958) 286, 287

Visages de l'Ain (France: 1968) 64

Vlaamse Gids (De) (Belgium: 1966) 579

Yale French Studies (United States of America: 1953, 1965) 45, 218, 226, 300, 392, 404, 410, 421, 442, 542, 545

Zeit Ohne Zeit (Switzerland: 1959) 580

101

5. Writings on Sadism

SADISM

English & English's <u>Dictionary of Psychological</u> and
<u>Psychoanalytical Terms</u> gives the following definition for
"sadism": "the tendency to associate sexual satisfaction with
the infliction of pain upon another. In some cases the infliction of pain itself yields satisfaction; in others it is a
necessary preliminary to other forms of sexual activity. Syn.
active <u>algolagnia</u>. Ant. <u>masochism</u>." The term <u>sadism</u> dates
as far back as 1882 when Krafft-Ebing introduced it in his
<u>Psychopathia Sexualis</u>.

In compiling this bibliographical section of sadism
we have concentrated on works that deal directly with
sadism. We have included studies of masochism only when
they were treated in the same work with sadism. In order
to make a study of all the related aspects of sadism we sug-
gest that the reader refer also to the following subject-
headings in psychological journals and card catalogs:

> masochism
> sexual instinct
> flagellation
> perversion and disorders
> torture - mental

It is hoped that this section of this definitive bibliography will serve as a useful research instrument for pro-
fessional people in the fields of psychiatry/psychology and
literature.

1. ANONYMOUS. "Sadism, masochism belong in the same brain-sick cycle." Science Newsletter, Vol. 54, 1948. p. 201.

2. _____. "Perverted piety; mortification of the flesh." Christian Century, Vol. 84, April 5, 1967. p. 428.

3. ALBRECHT, MILTON C. "A study of Julien Green." Journal of Abnormal and Social Psychology, Vol. 41, 1946. pp. 169-188.

4. ALBRECHT, O. "Über eine sadistin mit dem versuche einer erbbiologischen Persönlichkeitsanalyse." Zentralblatt für die gesamte Neurologie und Psychiatrie (Berlin), Vol. 122, 1929. pp. 226-252.

5. ALLEN, CLIFFORD. "Some aspects of sadism." International Journal of Sexology, Vol. 6, 1953. pp. 228-231.

6. ALLENDY, R. "Sadism in woman." Psychoanalytic Review, Vol. 20, 1933. pp. 437-439.

7. ASNAOUROW, FELIX. Sadismus, masochismus un kultur und erziehung. München: E. Reinhardt, 1913.

8. BAKER, SIDNEY J. "Shakespeare and sex." International Journal of Sexology, Vol. 4, 1950. pp. 35-39.

9. BENEDETTI, GAETANO see BOSS, MEDARD.

10. BEREST, JOSEPH J. "Report on a case of sadism." Journal of sex research, Vol. 6, 1970. pp. 210-219.

11. BERG, CARL JOHANN THEODOR. The Sadist (an account of the crimes of Peter Kürten), translated by Olga Illner and George Goodwin. London: Acorn Press, 1938.

12. BERGLER, EDMUND. "The relation of the artist to society: a psycholanalyst's comment on the exchange

of letters among V. S. Pritchett, Elizabeth Bowen
and Graham Greene. " American Imago, Vol. 5,
1948. pp. 247-258.

13. _____. "Anxiety, feet of clay, and comedy. "
American Imago, Vol. 6, 1949. pp. 97-109.

14. _____. "Proust and the 'torture theory' of love."
American Imago, Vol. 10, 1953. pp. 265-288.

15. _____. "A Note on Herman Melville. " American
Imago, Vol. 11, 1954. pp. 385-397.

16. _____. "Salome, the turning point in the life of
Oscar Wilde. " Psychoanalytic Review, Vol. 43,
1956. pp. 97-103.

17. _____. "Writers of half-talent. " American Imago,
Vol. 14, 1957. pp. 155-164.

18. _____. Principles of self-damage. New York:
Philosophical Library, 1959.

19. _____. Curable and incurable neurotics; problems
of "neurotic" versus "malignant" psychic masochism.
New York: Liveright, 1961.

20. BLIN, GEORGES. Le sadisme de Baudelaire. Paris:
Corti, 1948.

21. BONAPARTE, MARIE. "Deuil, nécrophilie et sadisme."
Revue Française de Psychanalyse, Vol. 4, 1930-
1931. pp. 716-734. Paris: Denoël et Steele, 1932.

22. _____. "La structure psychique d'Edgar Poe. "
Hygiène Mentale, Vol. 28, 1933. pp. 193-201.

23. _____. "Some biopsychical aspects of Sado-
masochism. " International Journal of Psychoanalysis.
Vol. 33, 1952. pp. 373-383.

24. BOSS, MEDARD and BENEDETTI, GAETANO "Psychoanalyse eines sadisten. " Psyche Heidel, Vol. 7,
1953. pp. 241-264.

25. _____. "Psychoanalysis of a sadist. " Samiksā,
Vol. 7, 1953. pp. 18-38.

26. BRAGMAN, LOUIS J. "The case of Algernon Charles Swinburne: a study in sadism." Psychoanalytic Review, Vol. 21, 1934. pp. 57-74.

27. BRETEILLE, RENÉ. Etude historique et médico-légale du masochisme. Paris: Ollier-Henry, 1913.

28. BRÜEL, O. "On the genetic relations of certain obsessional-neurotic character traits (integrity-complex)." Journal of nervous and mental disorders, Vol. 81, 1935. pp. 43-46.

29. BUNGE. "Homosexualität, zoo-sadimus, und hass als anlass zu einem Deckungsbrand." Kriminologizche Monatschrift, Vol. 4, 1930. pp. 40-41.

30. BUNKER, HENRY A. "Tantalus: a preoedipal figure of myth." Psychoanalytic Quarterly, Vol. 22, 1953. pp. 159-173.

31. CASSITY, JOHN H. "Psychopathological glimpses of Lord Byron." Psychoanalytical Review, Vol. 12, 1925. pp. 397-413.

32. CLEUGH, JAMES. The first masochist; a bibliography of Leopold von Sacher Masoch, with a bibliography of Sacher-Masoch's work (pp. 209-212). London: Anthony Blond, 1967.

33. CORIAT, ISADORE H. "The sadism in Oscar Wilde's Salome." Psychoanalytic Review, Vol. 1, 1914. pp. 257-259.

34. COULTERAY, GEORGE DE. Sadism in the movies (translated from the French). New York: Medical Press, 1965.

35. DALIBARD, Y. "Autour de l'analyse d'un cas de fantasme sadique." Revue française de Psychoanalyse. Vol. 21, 1957. pp. 35-63.

36. DE LA VEGA, GABRIEL. "On booklearning." Journal of Hillside Hospital, Vol. 5, 1956. pp. 433-440.

37. DE SHANE, BRIAN see EGAN, B.

38. DODEL, WILHEM. Beitrag zu der geschichte sadistischer verbrechen. Berlin: E. Ebering, 1912.

39. DOOLEY, LUCILE. "The relation of humor to
     masochism." Psychoanalytic Review, Vol. 28, 1941.
     pp. 37-46.

40. DUFF, I. F. GRANT. "Schneewittschen. Versuch
     einer psychoanalytischen Deutung." Imago, Vol.
     20, 1934. pp. 95-103.

41. EGAN, BERESFORD and DE SHANE, BRIAN. De Sade;
     being a series of wounds, inflicted with brush and
     pen, upon sadistic wolves garbed in masochistic's
     wool. London: Fortune press, 1929.

42. EISLER, ROBERT. Man into wolf: an anthropological
     interpretation of sadism, masochism, and lycan-
     thropy. New York: Philosophical Library, 1952.

43. EISSLER, KURT R. "A clinical note on moral maso-
     chism: Eckermann's relationship to Goethe." In
     Drives, Affects, Behavior, edited by Loewenstein,
     Rudolph. New York: International Universities
     Press, 1953. pp. 285-326.

44. ELLIOTT, G. P. "Never nothing." Harper, Vol. 241,
     Spring 1970. p. 90+.

45. ENGELHARDT, L. "Der gardien de la paix Prévost."
     Archiv für Kriminologie, Vol. 89, 1931. pp. 177-
     190.

46. EULENBURG, ALBERT (DR.). Sadimus und Maso-
     chismus. Wiesbaden: J.-F. Bergmann, 1902.

47. FEDERN, P. "Beitrage zur Analyse des Sadimus und
     Masochismus." Internationale Zeitschrift für Psy-
     choanalyse, 1913-1914.

48. FELDMAN, BRONSON A. "Shakespeare's early errors."
     International Journal of Psycho-analysis (London),
     Vol. 36, 1955. pp. 114-133.

49. _____. "Zola and the riddle of sadism." Ameri-
     can Imago, Vol. 13, 1956. pp. 415-425.

50. FRANK, GEORG. Beiträge zu den bei lustmorden
     vorkommenden verletzungen (Berlin thesis: 1909).
     Gräfenhainichen: C. Schulze, 1909.

51. FREUD, SIGMUND. "Dostoevsky and parricide." In
    Collected Papers of Sigmund Freud. Vol. 5. New
    York: Basic Books, 1959. pp. 222-242.

52. FRIEDENBERG, F. S. "A contribution to the problem
    of sadomasochism." Psychoanalytic Review, Vol.
    43, 1956. pp. 91-96.

53. FRIEDLANDER, KATE. "Charlotte Brontë: a study of
    a masochistic character." International Journal of
    Psychoanalysis, Vol. 24, 1943. pp. 45-54.

54. GARMA, ANGEL. Sadismo y masoquismo en la con-
    ducta. Buenos Aires: El Anteneo, 1943.

55. _____. "Sadism and masochism in human con-
    duct, " translated by S. B. Kutash. Journal of
    clinical Psychopathology and Psychotherapy, Vol. 6,
    1945. pp. 493-508; Vol. 6, 1944. pp. 335-390;
    Vol. 6, 1944. pp. 1-36; Vol. 7, 1945. pp. 43-64.

56. GERNAT, A. "Der Sadimus in der Schrift." In
    Kreusch, Praktische, graphologie für das Lägliche
    leben. Berlin: 1935.

57. GLOVER, EDWARD GEORGE. War, sadism and paci-
    fism, further essays on group psychology and war.
    London: G. Allen and Unwin, 1933 and 1946.

58. GUI, WESTON A. "Bottom's Dream." American
    Imago, Vol. 9, 1952. pp. 251-305.

59. HEIDENHAIN, ADOLF. Über den Meuschenhass. Eine
    pathographische Untersuching über Jonathan Swift.
    Stuttgart: 1934.

60. HELLER, PETER. "The masochistic rebel in German
    literature." Journal of Aesthetics and Art Criti-
    cism, Vol. 11, 1953. pp. 198-213.

61. HELLER, WALTHER G. and WAGNER, HARRY. Die
    Fesselungsmanie, Hamburg: Hans W. Lassen, 1963.

62. HERAPATH, J. N. "Sadism in law." Canadian Forum,
    Vol. 17, January 1938. p. 349.

63. HILLERET, MAURICE I. "Sur le sado-masochisme au
    cinéma." Hygiène Mentale, Vol. 41, 1952. pp. 60-71.

64. HIRSCHFELD, M. Sexual anomalies and perversions;
     physical and psychological developement and treat-
     ment. London and New York: Francis Aldor,
     Emerson Books, 1944.

65. HOLLAND, NORMAN N. "The Seventh Seal: the film
     as iconography. " Hudson Review, Vol. 12, 1959.
     pp. 266-270.

66. HOVEN, H. "Un cas de perversion sexuelle. "
     Actualité neurologique belge, Vol. 53, 1953. pp.
     123-125.

67. JACKSON, LYDIA. "A Study of sado-masochistic atti-
     tudes in a group of delinquent girls by means of a
     specially designed projection test. " British journal
     of medical psychology. Vol. 22, 1949. pp. 53-65.

68. JOHNSON, PAMELA HANSFORD. On iniquity; some
     personnal reflections arising out of the Moors
     murder trial. New York: Charles Scribner's Sons,
     1967.

69. KERSANER, F. D. "Sadism, masochism and the-
     ology; history of human cruelty. " Christian Century,
     Vol. 61, January 5, 1944. pp. 10-12.

70. KRAFFT-EBING, RICHARD VON. Psychopathia
     Sexualis. 12th edition. New York: Physicians and
     Surgeons Book Co. , 1937.

71. _____. "Sadism and Masochism. " In A. Krich,
     ed. , The Sexual Revolution. New York: Dell, 1963.

72. KUČERA, OTAKAR. "Stephane Mallarmé. " Revista
     de Psicoanálisis (Buenos Aires), Vol. 7, 1949. pp.
     249-294.

73. LA BARRE, WESTON. "The psychopathology of drink-
     ing songs. " Psychiatry, Vol. 2, 1939. pp. 203-212.

74. LAFORGUE, RENÉ. "Masochismus und Selbstbestro-
     fungstendensen bei Charles Baudelaire. " Almanach
     des Internationalen Psychoanalytischen Verlags
     (Vienna), 1934. pp. 106-116.

75. LAURENT, EMILE. Sadisme and Masochisme. Paris:
     Vigot, (Collection: Les perversions sexuelles No.
     11), 1902.

76. _____. Sadismus und masochismus (translated from the French). Berlin: H. Barsdorf, 1905.

77. LEVIN, GERALD. "Lovelace's dream." Literature and Psychology, Vol. 20, 1970. pp. 121-127.

78. LONDON, LOUIS SAMUEL. "Psychosexual pathology; sadism and masochism." Boletin de la Asociacíon médical de Puerto Rico, No. 7, July 1933. pp. 421-459.

79. MEHTA, H. P. "Expressions of sadism and masochism in children." Samiksā, Vol. 3, 1949. pp. 241-253.

80. MILLER, MILTON L. Nostalgia: A Psychoanalytic Study of Marcel Proust. Boston: Houghton Mifflin, 1956.

81. MOELLENHOFF, FRITZ. "Remarks on the popularity of Mickey Mouse." American Imago. Vol. 1, 1940. pp. 19-32.

82. MOORE, THOMAS V. "A study in sadism: the life of Algernon Charles Swinburne." Character and Personality, Vol. 6, 1937. pp. 1-15.

83. NACHT, SACHA EMMANUEL. Le masochisme; étude historique chronique, psychogénétique et thérapeutique. Paris: Denoël, 1938.

84. PACHECO, SILVIA and REBELLO, NETO. "Un sadiconecrophilo O prete Amaral." Archives sociologique, médicale et criminelle de S. Paulo, 1928.

85. PARTRIDGE, BURGO. A History of Orgies. New York: Crown Publishers; Avon Books, 1960.

86. PICK, R. "Madman of Charenton." Saturday Review, Vol. 37, July 24, 1954. p. 19+.

87. PIERCE, C. L. "A tentative formulation of the origin of sadomasochism." Psychoanalytic Review, Vol. 14, 1927. pp. 85-88.

88. PRAZ, MARIO. The Romantic Agony. New York: Oxford University Press, 1951.

89. RAU, HANS. Sadismus und erzieher. Der fall Dippold.

Ein sittenbild aus dem 20 jahrhundert. Berlin: H.
Barsdorf, 1904.

90. REIK, THEODOR. Aus leiden freuden (masochism).
    London: Imago publications, 1940.

91. _____. Masochism and modern man, translated
    from the German by Margaret H. Beigel and Ger-
    trud M. Kurth. New York and Toronto: Farrar and
    Rinehart, 1941.

92. RHEINE. T. Der Sadimus in Einzeldarstellungen.
    Vol. 1: Sadimus und prostitution. Berlin: Sexual-
    wiss. Verl. Anst. , 1932.

93. SCHAFFER, L. "Hypochondriacal vision. " New Re-
    public, Vol. 157, August 19, 1967. pp. 26-28.

94. SCHERTEL, E. Der Flagessantismus als literarisches
    Motiv. Leipzig: 1930.

95. SCHILDER, PAUL F. "Psychoanalytic remarks on
    Alice in Wonderland and Lewis Carroll. " Journal
    of Nervous and Mental Disease, Vol. 87, 1938.
    pp. 159-168.

96. SCHUSTER, JULIUS. Schmerz und geschlechtstrieb.
    Versucheiner analyse und theorie der algolagnie
    (Sadismus und masochismus). Leipzig: C. Ka-
    bitzsch, 1923.

97. SCHWENKE, A. "Ein sonderbarer fall menschlichen
    trieblebens. " Kriminologische Monatschrift, Vol.
    6, 1922. pp. 14-15.

98. SOFIA (COMTESSE). Une société de masochistes.
    Paris: Librairie Franco-anglaise, 1912.

99. _____. Eve dominatrice; documents masochites.
    Paris: Librairie Franco-anglaise, 1921.

100. STEIN, CONRAD. "Inversion sado-masochique du
     comples d'Oedipe et relation d'objet paranoiaque. "
     Revue française de psychanalyse, Vol. 24, 1960.
     pp. 301-332.

101. STEKEL, WILHELM. Sadismus und masochismus fur
     arzte und kriminalogen dargestellt. Berlin and Wien:
     Urban, 1925.

102. _____. Sadism and masochism, the psychology
     of hatred and cruelty. 2 Vols. Authorized English
     version by Louise Brink. New York: Liveright,
     1929 and 1953.

103. STEPHEN, K. "Introjection and projection: guilt and
     rage." British Journal of medical Psychology,
     Vol. 14, 1934. pp. 316-331.

104. STERBA, R. "Spinne, erhängen, und oral-sadimus."
     Psychoanalytik Bewegung, Vol. 4, 1932. pp. 268-
     274.

105. SWABEY, MARIE C. "The comic as non-sense,
     sadism or incongruity." Journal of Philosophy,
     Vol. 55, 1958. pp. 819-833.

106. TAILHADE, LAURENT. "Le masochisme dans l'his-
     toire et dans les traditions mythiques." In J.
     Desraix, La gynécocratie. Paris: 1902.

107. TARACHOW, SIDNEY. "Psychoanalytic observations
     on The Medium and the Telephone by Gian-Carlo
     Menotti." Psychoanalytic Review, Vol. 36, 1949.
     pp. 376-384.

108. VACEK, J. "Prípad sadistického poškozovánî."
     Ceskoslovenská Psychiatrie, Vol. 65, 1969. pp.
     184-188.

109. VAN DER STERBEN, H. A. De lotgevallen von
     Koning Oedipus Volgens de treurspelen van Sophocles.
     Amsterdam: Scheltema u Holkema, 1948.

110. VAN OPHUIJSEN, J. W. H. "The sexual aim of
     sadism as manifested in acts of violence." Inter-
     national Journal of Psychoanalysis, Vol. 10, 1929.
     pp. 138-144.

111. VERIPHANTOR, A. Der sadismus. Ein beitrag zur
     sittengeschichte unsere zeit. Berlin: M. Lilienthal,
     1903.

112. WAGNER, HARRY see HELLER, WALTHER.

113. WARSHOW, ROBERT. "Sadism for the masses."
     Partisan Review, Vol. 17, 1950. pp. 200-202.

114. WEGROCKI, H. J. "Masochistic motives in the
      literary and graphic art of Bruno Schultz." Psycho-
      analytic Review, Vol. 33, 1946. pp. 154-164.

115. YALOM, IRVIN D. "Aggression and forbiddenness in
      voyeurism." Archives of general psychology, Vol.
      3, 1960. pp. 305-319.

INDEX TO PERIODICALS
CONTAINING WRITINGS ON SADISM

(Indexed to entry numbers in Part 5)

115

Imago (Germany: 1934) 40

International Journal of Psychoanalysis (England: 1929, 1943
    1952, 1955) 23, 48, 53, 110

International Journal of Sexology (United States of America:
    1950, 1953) 5, 8

Internationale Zeitschrift für Psychoanalyse (Germany: 1914)
    47

Journal of Abnormal and Social Psychology (United States of
    America: 1946) 3

Journal of Aesthetics and Art Criticism (United States of
    America: 1953) 60

Journal of Clinical Psychopathology and Psychotherapy
    (England: 1944, 1945) 55

Journal of Hillside Hospital (United States of America: 1956)
    36

Journal of Nervous and Mental Disorders (United States of
    America: 1935, 1938) 28, 85

Journal of Philosophy (United States of America: 1958) 105

Journal of Sex Research (United States of America: 1970) 10

Kriminologische Monatschrift (Germany: 1922, 1930) 29, 97

Literature and Psychology (United States of America: 1970)
    77

New Republic (United States of America: 1967) 93

Partisan Review (United States of America: 1950) 118

Psyche Heidel (Germany: 1953) 24

Psychiatry (United States of America: 1939) 73

Psychoanalytic Quarterly (United States of America: 1953) 30

Psychoanalytic Review (United States: 1914, 1925, 1927,
    1933, 1934, 1941, 1946, 1949, 1956) 6, 16, 26,
    31, 33, 39, 52, 87, 107, 114

Psychoanalytik Bewegung (Germany: 1932) 104

Revista de Psicoanalisis (Argentina: 1949) 72

Revue Française de Psychanalyse (France: 1930, 1957, 1960)
21, 35, 100

Samiksā: Journal of the India Psycho-Analytic Society
(India: 1949, 1953) 25, 79

Saturday Review (United States of America: 1954) 86

Science Newsletter (United States of America: 1946) 1

Zentralblatt für Die Gesamte Neurologie und Psychiatrie
(Germany: 1929) 4

6. AUTHOR INDEX

(Only authors in the sections titled "Studies on
the Marquis de Sade" and "Writings on Sadism"
are indexed here.   References are to page
number.)

120

Van der Sterben, H. A. , 113
Van Ophuijsen, J. W. H. , 113
Vapreau, Georges, 92
Vercruysse, J. , 92
Veriphantor, A. , 113
Verner, Von, 92
Vevé, Gian Franco, 92
Vicaire, Georges, 92
Vicentiis, Gioacchino, 92
Viel-Castel, Comte Horace
  de, 92
Vier, Jacques, 92
Villers, Charles de, 92
Villeterque, 93
Villiot, Jean de, 93
Vinot-Préfontaine, 93
Voivenelle, 93
Vovelle, Michel, 93

Wagner, Harry, 113
Wainhouse, Austryn, 93
Waldemar, Charles, 93
Walravens, Jan, 93
Warshow, Robert, 113
Weber, W. , 93
Wegrocki, H. J. , 114
Weiss, Peter, 93-94
Willard, Nedd, 94
Wilson, Edmund, 94
Wolf, Oskar Ludwig
  Bernhard, 94

Yalom, Irvin D. , 114

DATE DUE

MY 1 '99			

Demco, Inc. 38-293